AUTORES:

JOSÉ MARÍA CAÑIZARES MÁRQUEZ
CARMEN CARBONERO CELIS

COLECCIÓN OPOSICIONES MAGISTERIO: EDUCACIÓN FÍSICA

EL CRECIMIENTO Y EL DESARROLLO NEUROMOTOR, ÓSEO Y MUSCULAR:
FACTORES ENDÓGENOS Y EXÓGENOS QUE REPERCUTEN EN EL DESARROLLO Y CRECIMIENTO. PATOLOGÍAS RELACIONADAS CON EL CRECIMIENTO Y LA EVOLUCIÓN DE LA CAPACIDAD DEL MOVIMIENTO. EVALUACIÓN Y TRATAMIENTO EN EL PROCESO EDUCATIVO.
(VOLUMEN 4)

WANCEULEN
Editorial Deportiva

COLECCIÓN OPOSICIONES MAGISTERIO: EDUCACIÓN FÍSICA

VOLUMEN 4.

EL CRECIMIENTO Y EL DESARROLLO NEUROMOTOR, ÓSEO Y MUSCULAR. FACTORES ENDÓGENOS Y EXÓGENOS QUE REPERCUTEN EN EL DESARROLLO Y CRECIMIENTO. PATOLOGÍAS RELACIONADAS CON EL CRECIMIENTO Y LA EVOLUCIÓN DE LA CAPACIDAD DEL MOVIMIENTO. EVALUACIÓN Y TRATAMIENTO EN EL PROCESO EDUCATIVO.

AUTORES

José Mª Cañizares Márquez
- Catedrático de Educación Física
- Tutor del Módulo del Practicum del Master de Secundaria
- Especialista en preparación de opositores
- Autor de numerosas obras sobre Educación y Preparación Física

Carmen Carbonero Celis
- D. E. A. en Instituciones Educativas
- Licenciada en Pedagogía
- Maestra de Primaria y Secundaria en centros de Educación Compensatoria
- Didacta presencial del Módulo de Pedagogía General en el CAP
- Profesora de Pedagogía Terapéutica en Centro Educación Primaria

Título: EL CRECIMIENTO Y EL DESARROLLO NEUROMOTOR, ÓSEO Y MUSCULAR. FACTORES ENDÓGENOS Y EXÓGENOS QUE REPERCUTEN EN EL DESARROLLO Y CRECIMIENTO. PATOLOGÍAS RELACIONADAS CON EL CRECIMIENTO Y LA EVOLUCIÓN DE LA CAPACIDAD DEL MOVIMIENTO. EVALUACIÓN Y TRATAMIENTO EN EL PROCESO EDUCATIVO.

Autores: José Mª Cañizares Márquez y Carmen Carbonero Celis
Editorial: WANCEULEN EDITORIAL DEPORTIVA, S.L.

C/ Cristo del Desamparo y Abandono, 56   41006 SEVILLA

Dirección web: www.wanceulen.com

I.S.B.N.: 978-84-9993-475-4

Dep. Legal:

© Copyright: **WANCEULEN EDITORIAL DEPORTIVA, S.L.**

Primera Edición: Año 2016

Impreso en España:

Reservados todos los derechos. Queda prohibido reproducir, almacenar en sistemas de recuperación de la información y transmitir parte alguna de esta publicación, cualquiera que sea el medio empleado (electrónico, mecánico, fotocopia, impresión, grabación, etc), sin el permiso de los titulares de los derechos de propiedad intelectual. Cualquier forma de reproducción, distribución, comunicación pública o transformación de esta obra solo puede ser realizada con la autorización de sus titulares, salvo excepción prevista por la ley. Diríjase a CEDRO (Centro Español de Derechos Reprográficos, www.cedro.org) si necesita fotocopiar o escanear algún fragmento de esta obra.

ÍNDICE

Presentación de la Colección.

Introducción

1. ASPECTOS COMUNES A TENER EN CUENTA EN EL EXAMEN ESCRITO.

    1.1. Criterios de corrección y evaluación que siguen los tribunales.
    1.2. Consejos sobre cómo estudiar los temas. Estrategias.
    1.3. Recomendaciones para la realización del examen escrito. Estrategias.
    1.4. Modelo estandarizado de presentación de examen escrito.
    1.5. Partes estándares a todos los temas.

2. EL CRECIMIENTO Y EL DESARROLLO NEUROMOTOR, ÓSEO Y MUSCULAR. FACTORES ENDÓGENOS Y EXÓGENOS QUE REPERCUTEN EN EL DESARROLLO Y CRECIMIENTO. PATOLOGÍAS RELACIONADAS CON EL CRECIMIENTO Y LA EVOLUCIÓN DE LA CAPACIDAD DEL MOVIMIENTO. EVALUACIÓN Y TRATAMIENTO EN EL PROCESO EDUCATIVO.

COLECCIÓN OPOSICIONES DE MAGISTERIO. ESPECIALIDAD DE EDUCACIÓN FÍSICA

PRESENTACIÓN DE LA COLECCIÓN

Los autores, con muchos años de experiencia en la preparación de oposiciones, hemos plasmado en esta Colección multitud de argumentos y detalles con la finalidad de que cada persona interesada en acceder a la función pública conozca minuciosamente todos los pormenores de la preparación.

La Colección está compuesta por una treintena de volúmenes, de los que veinticinco están dedicados a otros tantos capítulos del temario, y los cinco restantes a cómo hacer y exponer oralmente la programación didáctica y las UU. DD., así como a resolver el examen práctico escrito.

Los destinados a los temas llevan incorporados unos aspectos comunes previos sobre cómo hay que estudiarlos y consejos acerca de cómo realizar el ejercicio escrito.

Los aplicados al examen oral: defensa de la programación y exposición de las U.D.I., también llevan un capítulo referente a cómo es mejor hacer la expresión verbal, el mensaje expresivo, el esquema en la pizarra, etc.

Es decir, los autores no nos hemos ceñido a publicar un temario para las dos pruebas escritas (tema y casos prácticos) y las dos orales (programación y unidades). Hemos querido hacer partícipe de las técnicas que hemos seguido estos años y que tan buen resultado nos han dado, sobre todo a quienes sacaron plaza merced a su propio esfuerzo. No obstante, debemos destacar un aspecto capital: ratio del tribunal, es decir, ¿con cuántos opositores me tengo que "pelear" para conseguir la plaza?

Ya podemos ir perfectamente preparados, que si un tribunal tiene dos plazas para dar y hay diez opositores con un diez… la suerte de tener una décima más o menos en la fase de concurso nos dará o quitará la plaza.

Por otro lado, es conocido que desde hace año en España tenemos diecisiete "leyes de educación", es decir, una por autonomía, además de la que es común para todos y que, como las autonómicas, depende del partido político que gobierne en ese momento. No podemos obviar que la Educación y todo lo que le rodea -incluidos opositores- es un aspecto más de la política, si bien entendemos debería ser justo lo contrario. La formación de nuestros hijos no debe estar en función de unas siglas de unos partidos políticos, porque cuando uno consigue el poder, elimina por sistema lo hecho por el anterior, esté mejor o peor. Ejemplos, por desgracia, hay muchos desde la LOGSE/1990. Así pues, abogamos por un Pacto Educativo que incluya, lógicamente, a opositores y al Sistema de Acceso a la Docencia.

Esto trae consigo que, forzosamente, debamos basarnos en una línea de elementos legislativos. En nuestro caso, además de la nacional, nos remitimos a la de Andalucía. Por ello, las personas opositoras que nos lean deberán adecuar las citas legislativas autonómicas que hagamos a las de la comunidad/es donde acuda a presentarse a las oposiciones docentes.

Para cualquier información corta, los autores estamos a disposición de las personas lectoras en:

oposicionedfisica@gmail.com

INTRODUCCIÓN

Este volumen tiene dos partes claramente diferenciadas:

a) Por un lado tratamos diversos aspectos comunes a todos los temas escritos. Es decir, nos centramos en cómo hay que estudiarlos a partir de los propios criterios de valoración del examen que indica la Consejería de Educación de la Junta de Andalucía, y que suelen ser similares a los de otras autonomías. También incluimos los criterios de otras comunidades, pero no de todas porque se nos haría interminable.

Esta parte también incluye una serie de consejos acerca de cómo estudiar los temas, cuestión que no es baladí porque el opositor está muy limitado por el tiempo disponible para realizarlo.

Esto nos lleva a siguiente punto, el "perfil" de cada opositor, su capacidad grafomotriz muy a tener en cuenta para que en el tiempo dado seamos capaces de tratar el tema elegido con una estructura adecuada a los criterios de evaluación que el tribunal va a usar en la corrección.

Es muy corriente el comentario de "mientras más sepas, más nota sacas y más posibilidades de obtener plaza tienes". Esto trae consigo, en muchas ocasiones, que el opositor se encuentre con "montañas de papeles" sin estructurar, sin saber si un documento reitera lo de otro, sin dominar la capacidad de síntesis ante tanto volumen de definiciones, clasificaciones, teorías, opiniones, etc.

La realidad es muy distinta. El opositor debe llevar preparado al menos veinticuatro documentos (para tener el 100% de que le va a salir en el sorteo un tema estudiado concienzudamente), con la información muy exacta de lo que le da tiempo a escribir correctamente desde todos los puntos: científico, legislativo, autores, estructura del propio examen, sintaxis, ortografía, etc.

Muchas veces nos han preguntado por el conocimiento de los tribunales, si están al día, etc. Nuestra respuesta ha sido siempre la misma: "sabrán más o menos de cada uno de los veinticinco temas, lo leerán con más o menos detenimiento, pero seguro que lo que más saben es corregir escritos porque lo hacen a diario en sus aulas, de ahí que debamos prestar la máxima atención a estos aspectos formales". Para ello añadimos al final una hoja-tipo.

Completamos este primer capítulo con una tabla de planificación semanal que debemos hacer desde un principio para "obligarnos" y seguirla con disciplina espartana, si de verdad queremos tener éxito.

b) Por otro, el Tema 4 totalmente actualizado a fecha de hoy. La persona opositora debe, una vez conozca el volumen de contenidos que es capaz de escribir, hacer un resumen equitativo de cada punto y "cuadrarlo" a su capacidad grafomotriz. A partir de aquí, a estudiarlo… pero escribiéndolo ya que la nota nos la van a poner por lo que escribamos y cómo expresemos esos contenidos. Pero, si en la comunidad donde nos examinemos, el escrito hay que leerlo al tribunal, de nuevo lo haremos, cuanto antes mejor, para ensayar la lectura y que determinadas palabras no se nos "atraganten".

CRITERIOS DE CORRECCIÓN Y EVALUACIÓN QUE SIGUEN LOS TRIBUNALES

Consideramos imprescindible saber **previamente** cómo nos va a evaluar el Tribunal para realizar el examen con respecto a los ítem que va a tener en cuenta. Aportamos varios **modelos** que han transcendido y que, básicamente, se diferencian en la **formulación** de las consideraciones y en su valoración, no en el **fondo**.

CRITERIOS DE EVALUACIÓN EN ANDALUCÍA.

La Consejería de Educación de la Junta de Andalucía informa a los sindicatos, en mayo de 2007, sobre un "borrador" de criterios de evaluación para el "Concurso Oposición al Cuerpo de Maestros 2007". Posteriormente, como pudimos comprobar esa convocatoria y las siguientes, estos criterios se hicieron "firmes".

Transcribimos literalmente los cinco puntos a considerar sobre el tema escrito:

CRITERIOS GENERALES TEMA ESCRITO

Estructura del tema.

- a) Presenta un índice.
- b) Justifica la importancia del tema.
- c) Hace una introducción del mismo.
- d) Expone sus repercusiones en el currículum y en el sistema educativo.
- e) Elabora una conclusión acorde con el planteamiento del tema.

Contenidos específicos.

- a) Adapta los contenidos al tema.
- b) Secuencia de manera lógica y clara sus apartados.
- c) Argumenta los contenidos.
- d) Profundiza en los mismos.
- e) Hace referencia al contexto escolar.

Expresión.

- a) Muestra fluidez en la redacción.
- b) Hace un uso correcto del lenguaje, con una buena construcción semántica.
- c) Emplea de forma adecuada el lenguaje técnico.

Presentación.

- a) Presenta el escrito con limpieza y claridad.
- b) Utiliza un formato adecuado teniendo en cuenta el apartado 4 del artículo 7.4.1. de la Orden de 24 de marzo de 2007, BOJA nº 60 del 26/03/2007.
  Nota: Se refiere a aspectos formales tales como no firmar el examen, entregarlo en un sobre con etiquetas, etc.

Bibliografía/Documentación.

- a) Fundamenta los contenidos con autores o bibliografía.
- b) Sitúa el tema en el marco legislativo pertinente.

La Consejería de Educación de la Junta de Andalucía informa a los sindicatos, en **junio de 2015**, sobre los criterios de evaluación para el "Concurso Oposición al Cuerpo de Maestros 2015". Transcribimos literalmente los cuatro puntos a considerar sobre el tema escrito:

**CRITERIOS GENERALES A TENER EN CUENTA
EN LA CORRECCIÓN DEL TEMA ESCRITO (JUNIO 2015).**

1. Estructura del tema.

a) Secuencia de manera lógica y clara cada uno de los apartados del tema
b) Expone con claridad

2. Contenidos.

a) Argumenta y justifica científicamente los contenidos
b) Conoce y tarta con profundidad el tema
c) Realiza una transposición didáctica de la teoría expuesta a la práctica
d) Fundamenta los contenidos con autores y bibliografía que realmente hagan referencia al contenido en cuestión, así como a la normativa vigente

3. Expresión.

a) Redacta con fluidez
b) Usa correctamente el lenguaje y presenta una adecuada construcción sintáctica
c) Usa con propiedad el lenguaje técnico específico de la especialidad
d) No se aprecian divagaciones, reiteraciones, etc.

4. Presentación.

a) El ejercicio es legible: no hay que estar deduciendo qué quiere decir ni traduciendo el texto
b) Se observa limpieza y claridad en el ejercicio
c) Usa un formato adecuado

CRITERIOS GENERALES A TENER EN CUENTA EN LA CORRECCIÓN DEL TEMA ESCRITO
(Comunidad de Castilla-La Mancha)

Los criterios de evaluación del tema escrito (Comunidad de Castilla-La Mancha), que tuvieron los tribunales en cuenta en la convocatoria de 2007 y que fueron establecidos por la Comisión de Selección de la Especialidad de Educación Física, son:

CRITERIOS PARA EVALUAR EL TEMA ESCRITO. PARTE "A"	Puntuación
1.- Introducción, justificación, índice y mapa conceptual.	(MÁXIMO 1,5 puntos)
2.- Contenidos específicos	
2.1.- Trata todos los epígrafes del tema. 2.2.- Adecuación de los contenidos al tema. Los contenidos se ajustan al tema. 2.3.- Profundización de los mismos. 2.4.- Organización lógica y clara en cada punto. Atendiendo al índice. 2.5.- Argumentación de los contenidos. 2.6.- Referencia al contexto escolar. 2.7.- Relaciona con otros temas del currículum. 2.8.- Originalidad y creatividad en el tema.	(MÁXIMO 6,5 puntos)
3.- Bibliografía	
3.1.- Bibliografía específica del tema. Cita autores y hace referencias bibliográficas. 3.2.- Aspectos legislativos. Hace referencia a la legislación nacional y autonómica.	(MÁXIMO 0,75 puntos)
4.- Conclusión y valoración personal	(MÁXIMO 0,75 puntos)
5.- Aspectos formales. Presentación, estructura, organización, uso de vocabulario técnico.	(MÁXIMO 0,5 puntos)
6.- Errores	
a. Divagaciones b. Faltas de ortografía c. Errores garrafales	SE VALORARÁ NEGATIVAMENTE POR PARTE DEL TRIBUNAL
Total	10 Puntos.

OTROS CRITERIOS GENERALES A TENER EN CUENTA EN LA CORRECCIÓN DEL TEMA ESCRITO

Otros tribunales siguieron unos criterios de evaluación del examen escrito como los que ahora reflejamos:

		CRITERIOS PARA EVALUAR EL TEMA ESCRITO	
1		Introducción, índice y mapa conceptual	Máximo 1 punto
2		Nivel de contenidos	Máximo 5 puntos
	2.1.	Trata todos los epígrafes del tema	
	2.2.	Los contenidos se ajustan al temario	
	2.3.	Relaciona con otros temas del curriculum	
	2.4.	Hace referencia a la legislación nacional y autonómica	
	2.5.	Cita autores y/o referencias bibliográficas	
3		Aspectos formales: presentación, estructura, organización, vocabulario y ortografía	Máximo 3 puntos
4		Conclusión, valoración personal y bibliografía	Máximo 1 punto

Esta tabla tuvo su origen en la Convocatoria de Castilla La Mancha hace unos años. Sus criterios siguen vigentes.

Cuadro resumen de los Criterios de Evaluación	Temas A

1.- Contenidos específicos
  a. Adecuación de los contenidos al tema.
  b. Profundización de los mismos.
  c. Organización lógica y clara en cada punto (Índice).
  d. Argumentación de los contenidos.
  e. Referencia al contexto escolar.
  f. Originalidad y creatividad en el tema.
	2,75 puntos

2.- Introducción y conclusión
  a. Justificación de la importancia del tema.
  b. Repercusiones en nuestra área y en el Sistema Educativo.
  c. Buena introducción del tema.
  d. Conclusión.
	0,5 puntos

3.- Expresión
  a. Fluidez del discurso.
  b. Buena redacción, sin errores sintácticos, redundancias...
  c. Uso del lenguaje técnico.
	1 puntos

4.- Presentación
  a. Limpieza y claridad.
  b. Formato con variedad de recursos (gráficos, sangrías, diferenciación entre títulos, subtítulos, contenidos, esquema, etc.)
	0,5 puntos

5.-Bibliografía
  a. Bibliografía específica del tema.
  b. Aspectos legislativos.
	0,25 puntos

Penalizaciones
  a. Divagaciones
  b. Faltas de ortografía
  c. Errores garrafales
	A restar según criterio del propio tribunal

Totales	5 Ptos.

En 2013, la Convocatoria de Castilla-La Mancha incluían estos criterios:

PARTE 1B DESARROLLO DE UN TEMA DE LA ESPECIALIDAD	PESO ESPECÍFICO
1. Estructurar el tema de forma coherente, secuenciada, justificada y equitativa con todos los apartados.	25%
2. En relación a los contenidos desarrollados, responder al tema planteado, adaptándose al currículum, con aportaciones teórico-prácticas, siendo funcional para la práctica docente.	40%
3. Ser original y creativo en el desarrollo del tema, estableciendo conexiones con otros contenidos del currículum, con aportaciones personales fundamentadas que revelan la creación propia e inédita del mismo.	15%
4. El tema será afín a unas bases teóricas, a una fundamentación científica de la que parte el currículum, al tiempo que aporta ideas nuevas.	5%
5. Mostrar una lectura fluida y comprensible, con una actitud transmisora y un desarrollo expositivo que se ciñan al tema.	15%

CONSEJOS SOBRE CÓMO ESTUDIAR LOS TEMAS. ESTRATEGIAS.

Exponemos una serie de consejos que solemos dar a nuestros opositores:

- Cada uno tiene un "método" que ha experimentado durante su vida de estudiante, sobre todo a nivel universitario, de ahí que nuestra influencia sea relativa. No obstante, muchos nos reconocen que "*nunca hemos estudiado en profundidad hasta comenzar a prepararnos las oposiciones*".

- Reconocemos que hay **múltiples** formas de estudio. Hemos tenido opositores que necesitaban estar tumbados, otros sentados y en total silencio, otros tenían que tener forzosamente una tenue música de fondo, etc. Es decir, existen muchas maneras con más o menos **dependencia/independencia** de **campo**.

- Unos precisan **luz** natural, otros luz blanca o azul, con flexo cercano o con la de la lámpara del techo…

- Hay quien prefiere estudiar a base de **resúmenes** hechos en un procesador de textos y otros, en cambio, tenían que estar a mano.

- Muchos prefieren **grabar** verbalmente los contenidos para reproducirlos cuando viaja, corre, nada o anda y así aprovechar estos "tiempos muertos".

- Otros requieren **gráficos** y mapas conceptuales. Incluso, hemos tenido los que preferían hacer un póster-esquema y colgarlo a la pared para leerlo de pie…

- Otro grupo lo conforman aquellos que prefieren subrayar o señalar los puntos clave con rotulador marcador tipo fluorescente, otros a lápiz... Eso sí, lo señalado debe tener encadenamiento o cohesión interna para verterlo, ya redactado, en el examen, de ahí que **debamos estudiar escribiendo**, porque el examen escrito trata de ello.

- Debemos usar bolígrafos de gel por ser más rápidos en su trazo y papel tamaño A4, que es el que nos van a proporcionar el día del examen. Ojo a los tipos de **bolígrafos permitidos** por los tribunales, debemos estar muy atentos a lo que nos dicen el día de la **presentación**. Independientemente de ello, debemos acostumbrarnos a poner el folio directamente sobre la superficie dura de la mesa, ya que así la velocidad de escritura es superior que si lo situamos encima de otros folios porque éstos hacen que el espacio de apoyo nos frene por ser más blando. Un **reloj** para controlarnos los tiempos es imprescindible también.

- En cualquier caso, no sería bueno estudiar más de dos horas seguidas, sobre todo si estamos sentados. Ello, normalmente, acarrea contracturas dorso-lumbares, en los miembros inferiores, etc. con el consiguiente dolor y molestia. Lo mismo podemos decir a nivel de nuestra visión.

- Realizar **actividad física o deportiva** varias veces a la semana es muy aconsejable por simple razón de compensación y revitalización personal.

- Es bueno, pues, cada dos horas aproximadamente, hacer un **alto horario** de 8-10 minutos para despejarnos mentalmente y estirarnos físicamente. Beber **agua** y la ingesta de **fruta** suele ser positivo. Esto es extensible al día del examen de la oposición.

- No obstante, si la convocatoria nos dice que el escrito durará más de este tiempo, debemos paulatinamente aumentar las dos horas hasta llegar al **tope** marcado.

- Siempre recomendamos realizar una **planificación** semanal personalizada, que regule nuestro **tiempo** destinado al estudio (avance y repaso de los temas del escrito, casos prácticos, exposición oral), al trabajo, deporte, ocio, obligaciones familiares, etc. Ver tabla/ejemplo en la página siguiente.

- **¿Cuánto tiempo dedicar al estudio?** No podemos dar "recetas" pues depende del nivel previo de cada opositor. Hay quien trae excelentes aprendizajes previos de la carrera y hay quien ese nivel lo trae demasiado básico. Otros ya tienen experiencias en oposiciones, etc. Así pues cada uno debe auto regularse en función de sus capacidades y sus circunstancias personales. Genéricamente podemos indicar que, al menos, 4-6 horas/día divididas por un descanso de 10-15 minutos puede ser un estándar adecuado. A partir de ahí, personalizar en función del avance o no obtenido.

- Siempre debemos tener un "**molde personal**" en función de la capacidad grafomotriz, habida cuenta el **ahorro** de tiempo y energía que nos supone seguir esta estrategia.

- De cualquier forma, debemos respetar el dicho popular "*lo que no se recuerda, no se sabe*", de ahí **memorizar comprensivamente** lo más significativo.

- La **memoria**, al igual que ocurre con la condición física, se mejora ejercitándola con frecuencia.

- Tan importante es memorizar un tema nuevo como no olvidar los ya aprendidos, por lo que es necesario **consolidar**, repasando, lo estudiado. Comprobar que dominamos temas anteriores mejora nuestra capacidad de auto concepto.

- De ahí la importancia de estudiar teniendo delante nuestro **resumen personalizado** y olvidarnos de aumentar los contenidos del tema porque, además de crearnos inquietudes, posiblemente no podamos reflejar todo lo que sabemos en el tiempo que tenemos de examen.

Mostramos en el siguiente **gráfico** un claro y rápido ejemplo de cómo auto planificarse el estudio durante la semana a partir de tres **módulos** diarios:

EJEMPLO DE PLANIFICACIÓN SEMANAL-TIPO
Combinación de estudio-repaso-programación-UU.DD.-prácticos-trabajo profesional-descanso

LUNES	MARTES	MIÉRCOLES	JUEVES	VIERNES	SÁBADO	DOMINGO
MAÑANA	MAÑANA	MAÑANA	MAÑANA	MAÑANA	MAÑANA	MAÑANA
TRABAJO	Estudio tema nuevo semana	TRABAJO	Repaso tema nuevo	TRABAJO	Casos Prácticos	Libre
TRABAJO	Estudio tema nuevo semana	TRABAJO	Programación	TRABAJO	Casos Prácticos	Libre
TARDE	TARDE	TARDE	TARDE	TARDE	TARDE	TARDE
Estudio tema nuevo semana	Programación	Repaso temas anteriores	UU. DD.-U.D.I.	Sesión de clase con preparador	Repaso temas anteriores	Repaso temas anteriores

RECOMENDACIONES PARA LA REALIZACIÓN DEL EXAMEN ESCRITO. ESTRATEGIAS.

NOTA: Muchos de los consejos que ahora damos, sobre todo los relacionados con la presentación, escritura, etc. son también aplicables a la realización por escrito de los casos prácticos, si los hubiera.

En las convocatorias anteriores se ha comprobado que la mayoría de aprobados en el examen escrito tenían **buena letra**, además de contenidos notables. Efectivamente, entre los criterios de evaluación que utilizan los tribunales hay algunos puntos destinados a la **presentación** que no podemos desechar. Incluso, si la Orden de la Convocatoria indica que el opositor deberá **leer** su propio **examen** ante el tribunal, éste suele comprobar posteriormente su estructura, sintaxis, ortografía, etc.

No llegar a tiempo a los llamamientos supone la primera **precaución** a tomar. En ocasiones, las instalaciones donde se celebran las oposiciones se ven saturadas desde varios kilómetros antes de llegar. A ello hay que sumar el tiempo para aparcar, buscar el aula asignada, etc. **Llegar tarde** puede suponer la **no presentación** y la consiguiente **eliminación**.

Gracias a las observaciones hechas por los tribunales de años anteriores y por los criterios de evaluación que han transcendido, estamos en disposición de apuntar una serie de anotaciones a considerar por las personas opositoras durante su periodo de preparación con nosotros. Habitualmente los tribunales reservan parte de la nota total para los **aspectos "formales"** del examen, que ahora comentamos. Esto es de vital importancia porque dos opositores con igual cantidad y calidad de contenidos, sacará mejor nota quien mejor lo presente. Ante ello, reservar algunos minutos para poder **revisar** el examen antes de entregarlo, teniendo en cuenta lo siguiente:

- Nadie aprueba con **mala letra**. Igual decimos de la presentación y limpieza.
- Esto lo hacemos extensivo a las faltas de **ortografía**, acentuación, mala **sintaxis**, incorrecciones **semánticas**, **expresión** y **redacción**, **vulgarismos**, **repetir la misma palabra** continuamente, **tachones**, suciedad, etc. No podemos "escribir igual que hablamos". También, no poner el número del tema elegido o su título. Otro error habitual es el mal uso de los puntos, bien seguido, bien aparte.
- Debemos escribir por **una carilla** -al menos que el tribunal indique otra cosa- con letra más bien grande para facilitar su lectura. No poner detalles como "no recuerdo..."; "creo que..."; "no me da tiempo..."; "me parece que es...".
- La **media** de **folios** (carillas o páginas) que suelen hacer nuestros preparados están entre **14 y 16**, con **17-22 renglones** cada una (20 lo habitual) y **9 palabras/renglón**, teniendo en consideración unos **márgenes laterales** y **superior e inferior** de 2 a 2'5 centímetros. No obstante, conforme avanza la preparación y la habilidad para escribir este tipo de examen, hay quien aumenta el volumen de páginas de manera significativa, pero siempre manteniendo y respetando los criterios de evaluación que suelen tener los tribunales: letra, limpieza, construcción semántica, ortografía, etc. Si preferimos escribirlo en un procesador de textos, como puede ser "Word", el número de palabras suele estar alrededor de las 2400-2700, aproximadamente.
- Los **renglones** deben ser **paralelos** y siempre con el mismo **interlineado**. En caso de tener problemas para hacerlo, podemos llevarnos una **plantilla** ya hecha, como una hoja tamaño folio de cuaderno de rayas, o bien hacerla allí

mismo con lápiz y regla. Si tampoco pudiese ser (a veces los tribunales han hecho especial hincapié en "no entrar con plantilla, regla, etc."), nos esmeraríamos en la realización de la primera página, aunque tardásemos más tiempo, y ésta nos serviría como "falsilla" o planilla de renglones. Otro "**truco**" es hacerla a partir del **DNI** al que previamente le hemos hecho unas señales minúsculas con la anchura que deseamos. Éste nos sustituiría a la regla.

- No se puede ser "loco o loca" escribiendo. Para ello es importante el **entrenamiento** durante el periodo de preparación. De ahí surge la **automatización** de todos estos aspectos, además del sangrado, márgenes, etc. No poner abreviaturas.
- Por otro lado debemos **numerar** las hojas, incluso algunos lo hacen poniendo "1 de 15; 2 de 15…".
- La utilización de **dos colores** de tinta **no** suele estar **permitido**, como tampoco subrayados para señalizar los títulos, epígrafes, ideas fundamentales, etc., al menos que el tribunal exprese lo contrario. En todo caso, **preguntar** al tribunal antes de empezar si es posible su uso, así como de tippex. También si se pueden poner gráficos, flechas, tablas, etc., si el tribunal lo permite, pero la Orden de la Convocatoria suele prohibirlo por considerarlo posible "**señal**". Un **bolígrafo** tipo **gel** y apoyarnos sobre un **superficie dura** para que éste se deslice mejor, nos permite mayor velocidad de escritura manteniendo su calidad. Quienes suelen hacer tachaduras, previendo que no les dejen usar tippex, pueden optar por un **bolígrafo borrable por fricción** (marca Pilot o similar) que elimina cualquier rastro de su propia tinta. No obstante, determinados "bolígrafos rápidos" que se basan en tinta tipo gel, suelen ser peor para opositores **zurdos**, por razones obvias. Recordamos la necesidad de seguir exactamente las **instrucciones** que nos dé el tribunal al respecto, habida cuenta tenemos experiencias sobre la **anulación** de exámenes por el uso de este tipo de herramienta de escritura.
- No olvidemos que la mayoría de los títulos de los temas tienen tres puntos, por lo que debemos **dividir** la totalidad de materia que escribamos en tres partes similares. De esa forma, evitamos exponer mucho contenido de una parte en perjuicio de otra. Así pues, normalmente haremos tres puntos con varios sub-puntos cada uno buscando la conexión entre los mismos. Además, pondremos el **índice** al principio, tras el título, **introducción**, **conclusiones**, **bibliografía** -que incluye la legislación- y webgrafía. En **resumen**, queda muy bien, limpio y "amplio", la estructuración del examen de esta manera:

  - **Título** del Tema. 1ª página. Mayúsculas y en una única página.
  - **Índice**. 2ª página. En una sola página.
  - **Introducción**. 3ª y 4ª página. Debe tener cierta peculiaridad con objeto de atraer la curiosidad del corrector. Nombrar los descriptores del título y en cada uno dar una o dos referencias del mismo. Podemos "presentarlo" a través de su importancia en el currículo y citar sus referencias legislativas. Usar, preferentemente, dos páginas.
  - **Apartados o descriptores** y los sub-apartados. 5ª página. Es el eje alrededor del cual gira la nota relativa a los contenidos. Incluye definiciones, clasificaciones, teorías, líneas metodológicas, referencias curriculares, aplicaciones prácticas, actividades, etc., todo ello citando a autores y normativa que luego quedarán reflejados en la bibliografía, pero con una redacción técnica. En cualquier caso debemos marcar claramente cuándo finalizamos el primer punto y comenzamos el siguiente. Si somos "olvidadizos", podemos dejar un interlineado relativamente amplio por si nos acordamos después de algún detalle olvidado y deseamos incorporarlo sin tachones.

- **Conclusiones.** Lo más notable que hemos tratado, los puntos clave. Al ser lo último que el corrector lee, deben estar muy cuidadas porque puede influir decisivamente en la nota.
- **Bibliografía.** Reseñar algún libro "comodín" y de los autores nombrados anteriormente. También la legislación significada.
- **Webgrafía.** Alguna general, como revistas digitales, o específica.

En cualquier caso, es **imprescindible** conocer los **criterios de evaluación** que van a seguir los tribunales, máxime si son públicos, como viene ocurriendo en varias comunidades autónomas, y en Andalucía de forma más concreta, tal y como hemos citado en el capítulos anteriores. Debemos, pues, hacer caso de ellos y citar o desarrollar todos los **aspectos** que los criterios mencionan.

Precisamente, el tiempo no lo podemos "regalar" ni despreciar, por lo que si terminamos el examen y aún quedan cinco o diez minutos, debemos **repasar** lo escrito por si se nos ha olvidado algo relevante o no hemos puesto la debida atención a las faltas gramaticales, sesgos sexistas, escritura con "códigos SMS", etc. Así pues, debemos agotar el tiempo subsanando cualquier error.

Si la preparación ha sido buena, nada más hacerse el sorteo de los temas, debemos decidirnos por uno. Inmediatamente nos concentramos y empezamos a desarrollarlo, porque debemos ya tener "**automatizada**" su escritura. Si empezamos a dudar, comenzamos a perder el escaso tiempo que nos dan.

En caso de haber estudiado con "**esquemas**", lo mejor sería hacernos uno en sucio para usarlo como guía en la redacción del examen. Este folio nos sirve también para tomar notas, para ir estructurando el tema, etc. Pero, repetimos, la escritura del tema debemos tenerla automatizada porque si no perdemos el tiempo. Esta hoja la destruiríamos al terminar.

Si hemos preparado una introducción, conclusiones, bibliografía y webgrafía "estándar", podemos irlas escribiendo en el llamado "**tiempo perdido**" que suele haber desde que nos dan los folios hasta que sortean los números de los temas. Después podemos añadir los rasgos específicos del tema ya elegido.

Nuestros preparados suelen preguntarnos por la expresión a usar. Aconsejamos el "**plural mayestático**" (*nosotros, ahora vemos, podemos seguir, observamos*, etc.)

Otro aspecto importante es la **elección** del tema de entre los sorteados. Debemos hacer el que dominemos mejor, el que ya lo hayamos escrito muchas veces durante la preparación, el que nos garantice escribir más folios, en suma, el que nos dé más seguridad.

No olvidar llevarse **agua** y alguna pieza de **fruta**. Normalmente a finales de junio suele hacer mucho **calor** y la sensación de éste aumenta con la tensión del examen.

Ahora adjuntamos una **hoja con un resumen** de los **aspectos formales** del examen escrito del tema, aunque aplicable también a la redacción de los **casos prácticos**.

JOSÉ MARÍA CAÑIZARES MÁQUEZ Y CARMEN CARBONERO CELIS

MODELO ESTÁNDAR DE PRESENTACIÓN PARA PRUEBA ESCRITA

2.- COORDINACIÓN Y EQUILIBRIO EN LA INICIACIÓN AL FÚTBOL ESCOLAR

2.1. CONCEPTUALIZACIONES PRELIMINARES.

Desde un primer momento es adecuado tener en cuenta que cualquier movimiento, por mínimo que sea, requiere coordinación y equilibrio adecuados. Por ejemplo, abrir y cerrar una mano conlleva que una serie de grupos musculares realicen (agonistas) la acción y que otros se relajen (antagonistas) para que aquéllos puedan actuar, así como que otros grupos estabilicen (fijadores) los de la muñeca para que lo anterior pueda tener lugar (Téllez, 2014).

La coordinación nos permite hacer lo pensado, es decir, realizar la imagen mental que nos hemos hecho, el esquema motor. Está íntimamente ligada a las habilidades y destrezas básicas a través de su relación con la coordinación dinámico general y la coordinación óculo-segmentaria, respectivamente (Mateos y Garriga, 2015).

Precisamente, las edades porpias de la Primaria son las más críticas para el desarrollo de las capacidades coordinativas (Bugallal, 2011).

Si nos fijamos atentamente en un partido de fútbol podemos observar numerosas acciones diferentes y que, mal hechas, pueden producir lesiones, como dejinses:

a) Carreras
b) Saltos
c) Giros
d) Lanzamientos

Todos ellos con infinidad de VARIANTES. Para que todos esos gestos "salgan bien" ~~havrá~~ habrá sido necesario un director que regule todos los mov. Esta es la función del sistema nervioso.

PARTES ESTÁNDARES A TODOS LOS TEMAS.

Muchas de las personas que preparamos tienen **problemas** por la falta de tiempo o de, simplemente, por ser poco capaces de aprender **introducciones, conclusiones, bibliografías, legislación y webgrafía** de cada uno de los temas.

Uno de los **remedios** para no "castigar" la memoria es confeccionarse unos "**estándares**" o "**comunes**" que den servicio a estos apartados.

Si a ello le unimos la racionalidad en la confección del Índice, a partir de los tres o cuatro apartados o descriptores del título del tema, hemos ahorrado un esfuerzo a nuestra memoria.

Así pues, vamos a dar una serie de **consejos** para que cada persona lectora los elabore de una forma sencilla pero eficaz unos textos usuales, si bien deberíamos a continuación podríamos **complementarlos** con unos **rasgos específicos** del tema que, prácticamente, nos vienen dado por el **título** del tema que nos escribirá el tribunal en la pizarra de la sala de examen. Por ejemplo, si la Introducción la hacemos en dos páginas, los aspectos comunes pueden suponer entre el 60-75 %, es decir, página y un tercio de la siguiente. Si la Conclusión la hacemos en una única, las tres cuartas partes podemos dedicarla a los textos estandarizados y el resto a los concretos del tema escrito.

INTRODUCCIONES COMUNES A TODOS LOS TEMAS

Cuando hemos hablado con los componentes de los tribunales, habitualmente nos indican que suelen fijarse en el "detalle" de si el opositor ha puesto desde el principio o no **referencias** a la **legislación actual**, debido a que suelen entender que cualquier tema debe redactarse **a partir** de las leyes educativas, decretos y órdenes que las desarrollan. Así pues, debemos hacer mención, **respetando su jerarquía**, de:

- Ley Orgánica 8/2013, de 9 de diciembre, para la mejora de la calidad educativa (LOMCE). B.O.E. nº 295, de 10/12/2013.
- Ley Orgánica 2/2006, de 3 de mayo, de Educación (LOE). B.O.E. nº 106 del 04/06/2006. (Modificada por la LOMCE/2013).
- Ley 17/2007, de 10 de diciembre, de Educación en Andalucía. B.O.J.A. nº 252, de 26/12/2007.
- M. E. C. (2014). *Real Decreto 126/2014, de 28 de febrero, por el que se establece el currículo básico de la Educación Primaria.* B. O. E. nº 52, de 01/03/2014.
- M.E.C. (2015). *Orden ECD/65/2015, de 21 de enero, por la que se describen las relaciones entre las competencias, los contenidos y los criterios de evaluación de la educación primaria, la educación secundaria obligatoria y el bachillerato.* B.O.E. nº 25, de 29/01/2015.
- JUNTA DE ANDALUCÍA (2015). *Decreto 97/2015, de 3 de marzo, por el que se establece la ordenación y el currículo de la educación Primaria en la comunidad Autónoma de Andalucía.* BOJA nº 50 de 13/013/2015.
- JUNTA DE ANDALUCÍA (2015). *Orden de 17 de marzo de 2015, por la que se desarrolla el currículo correspondiente a la educación Primaria en Andalucía.* BOJA nº 60 de 27/03/2015.

No obstante, entendemos que sería un buen detalle **citar** también a las **Competencias Clave**, habida cuenta su importancia a partir de la publicación de la LOE/2006, actualizada por la LOMCE/2013.

Igualmente podemos hacer mención a la legislación correspondiente a la evaluación o a la relacionada con la atención a la **diversidad**, pero tanto texto no nos cabe, de ahí la necesidad de **sintetizar** la información que consideremos más representativa.

Otra línea es plasmar alguna "**frase hecha**", como "*enseñar Educación física con éxito supone diseñar una programación coherente con el contexto, disponer de un amplio abanico de estrategias didácticas, generar un clima de clase que invite al aprendizaje, utilizar adecuadamente los recursos materiales y tecnológicos e integrar la evaluación en el proceso de aprendizaje*" (Blázquez y otros, 2010).

Otro ejemplo puede ser: "*Uno de los fines genéricos que persigue la Educación Física escolar es el de favorecer la ubicación personal del alumno/a en la sociedad, en una cultura corporal donde la escuela proporcione al alumnado los medios apropiados para su acceso y, en consecuencia, conseguir los beneficios que de ella pueden conseguir: desarrollo personal; equilibrio psicofísico; mejorar la salud; disfrutar del tiempo de ocio; etc., así como el desarrollo de la autonomía personal ante las influencias que imponen los nuevos mitos sociales*". "*El cuerpo y el movimiento como ejes básicos de nuestra acción educativa*"; "*el área de Educación Física se muestra sensible a los acelerados cambios que experimenta la sociedad...*"; "*la importancia de las relaciones interpersonales que se generan alrededor de la actividad física permiten incidir en la asunción de valores como el respeto, la aceptación, la cooperación...*", procedentes de legislaciones pasadas, como el R. D. 1513/2006, pero de plena actualidad por la temática expresada.

Posteriormente, en la Introducción debemos hacer referencias a la materia que trata el tema elegido, lo que antes hemos referenciado como "rasgos específicos". Esto nos resulta fácil con un poco de práctica, simplemente comentando una o dos líneas a partir del título del tema que el tribunal detalla en la pizarra. No obstante, el sentido de lo que expresemos debe ir encaminado a lo que "vamos a tratar en el desarrollo del tema…"

CONCLUSIONES COMUNES A TODOS LOS TEMAS

Si en las introducciones se basan en lo que "vamos a estudiar en el tema…", con las Conclusiones ocurre al contrario: "a lo largo del tema hemos visto (escrito, estudiado, tratado, etc.) la importancia de…" Para ello podemos **actuar** como antes, es decir, un par de **párrafos comunes** a todas las temáticas. Por ejemplo, "la trascendencia del conocimiento del propio cuerpo, vivenciándolo y disfrutándolo, además de respetarlo". Otra posibilidad es incluir un párrafo basándonos en algunos ejemplos de estos textos **estandarizados**:

"*Todos los niños y niñas tienen el derecho a una educación de calidad que permita su desarrollo integro de sus posibilidades intelectuales, físicas, psicológicas, sociales y afectivas*" (Decreto 328/2010). "*Entendemos la etapa de primaria como fundamental para el desarrollo de las capacidades motrices del alumnado y donde el docente debe observar las deficiencias de éstos para corregirlas lo más rápidamente posible*".

En Andalucía, la O. 17/03/2015, indica que: "*la Educación Física es un área en la que se optimizan las capacidades y habilidades motrices sin olvidar el cuidado del cuerpo, salud y la utilización constructiva del ocio. En Educación física se producen relaciones de cooperación y colaboración, en las que el entorno puede ser estable o variable, para conseguir un objetivo o resolver una situación. La atención selectiva, la interpretación de las acciones de otras personas, la previsión y anticipación de las propias acciones teniendo en cuenta las estrategias colectivas, el respeto de las normas, la resolución de problemas, el trabajo en grupo, la necesidad de organizar y adaptar las respuestas a las variaciones del entorno, la posibilidad de conexión con otras áreas, el juego como herramienta primordial, la imaginación y creatividad".*

Posteriormente plasmamos algunos rasgos de lo más característico que hemos escrito durante la redacción del tema escogido. Realmente se trata de que destaquemos lo más trascendental de cada uno de los apartados de los descriptores del título, pero con información nueva, expresando que "a lo largo del tema hemos visto la importancia de..." o "hemos indicado en la redacción del tema los conceptos, clasificaciones, didáctica de...".

BIBLIOGRAFÍA COMÚN A TODOS LOS TEMAS

Hay quien diferencia **bibliografía** de **legislación**. Nosotros, al estar ambos documentos en formato papel, lo **unificamos**.

Evidentemente cada tema tiene una serie de volúmenes principales o monográficos de apoyo, pero también está muy claro que hay una serie de **libros generales de didáctica** que vienen muy bien tenerlos en cuenta para ponerlos en la mayoría de los temas. Son las publicaciones que habitualmente se manejan en las facultades de Magisterio. Los tribunales suelen valorar más ediciones de los **últimos años**, aunque siempre habrá libros "clásicos", sobre todo las **monografías** de conocidos autores y que son muy **específicas** de los **temas**. Por ejemplo, Delgado Noguera en temas relacionados con la metodología y organización; Blázquez con evaluación y con la iniciación deportiva; Rigal en motricidad, etc.

Algunos ejemplos de bibliografía **común**, es decir, libros que prácticamente en su totalidad tratan **todas** las **materias** de los veinticinco temas, son:

ADAME, Z. y GUTIÉRREZ DELGADO, M. (2009). *Educación Física y su Didáctica. Manual de Programación*. Fondo Editorial de la Fundación San Pablo Andalucía CEU. Sevilla.

ARRÁEZ, J. M.; LÓPEZ, J. M.; ORTIZ, Mª M. y TORRES, J. (1995). *Aspectos básicos de la Educación Física en Primaria. Manual para el Maestro*. Wanceulen. Sevilla.

BLÁZQUEZ, D.; CAPLLONCH, M.; GONZÁLEZ, C.; LLEIXÁ, T.; (2010). *Didáctica de la Educación Física. Formación del profesorado*. Graó. Barcelona.

CAÑIZARES, J. Mª y CARBONERO, C. (2009). *Currículum de Educación Física en Primaria para Andalucía*. Wanceulen. Sevilla.

CAÑIZARES, J. Mª y CARBONERO, C. (2009). *Currículum de Educación Física en Primaria*. Wanceulen. Sevilla.

CHINCHILLA, J. L. y ZAGALAZ, M. L. (2002). *Didáctica de la Educación Física*. CCS. Madrid.

CONTRERAS, O. R. y GARCÍA, L. M. (2011). *Didáctica de la Educación Física. Enseñanza de los contenidos desde el constructivismo.* Síntesis. Madrid.

CONTRERAS, O. y CUEVAS, R. (2011). *Las Competencias Básicas desde la Educación Física.* INDE, Barcelona.

FERNÁNDEZ GARCÍA, E. -coord.- (2002). *Didáctica de la Educación Física en la Educación Primaria.* Síntesis. Madrid.

FERNÁNDEZ GARCÍA, E. -coord.- CECCHINI, J. A. y ZAGALAZ, Mª L. (2002). *Didáctica de la educación física en la educación primaria.* Síntesis. Madrid.

GALERA, A. D. (2001). *Manual de didáctica de la educación física. Una perspectiva constructivista moderada.* Vol. I y II. Paidós. Barcelona.

GIL MORALES, P. (2001). *Metodología didáctica de las actividades físicas y deportivas.* Fundación Vipren. Cádiz.

SÁENZ-LÓPEZ, P. (2002). *La Educación Física y su Didáctica.* Wanceulen. Sevilla.

SÁNCHEZ BAÑUELOS, F. (1996) *Bases para una Didáctica de la Educación Física y los Deportes.* Gymnos. Madrid.

SÁNCHEZ BAÑUELOS, F. y FERNÁNDEZ, E. -coords.- (2003). *Didáctica de la Educación Física para Primaria.* Prentice Hall.

SÁNCHEZ GARRIDO, D. y CÓRDOBA, E. (2010). *Manual docente para la autoformación en competencias básicas.* C.E.J.A. Málaga.

VICIANA, J. (2002). *Planificar en Educación Física.* INDE. Barcelona.

VILLADA, P. y VIZUETE, M. (2002). *Los Fundamentos teóricos-didácticos de la Educación Física.* Secretaría General Técnica del M. E. C. D. Madrid.

VV. AA. (2008). *Colección de manuales de atención al alumnado con necesidades específicas de apoyo educativo.* (10 volúmenes). C. E. J. A. Sevilla.

ZAGALAZ, Mª L.; CACHÓN, J.; LARA, A. (2014). *Fundamentos de la programación de Educación Física en Primaria.* Síntesis. Madrid.

Esta relación, o parte de ella, no debe aparecer en exclusiva. Antes que nada debemos recordar que es muy conveniente **reseñar autores y año** de publicación **durante** la **redacción** de los diversos apartados o descriptores. Esto, obviamente, nos obliga a incluirlos en la bibliografía "específica" de cada tema. Por ejemplo, en los temas relacionados con la psicomotricidad (7 – 9 – 10 – 11) recomendamos citar a:

RIGAL, R. (2006). *Educación motriz y educación psicomotriz en Preescolar y Primaria.* INDE. Barcelona.

SASSANO, M. (2015). *El cuerpo como origen del tiempo y del espacio. Enfoques desde la Psicomotricidad.* Miño y Dávila editores. Buenos Aires.

TAMARIT, A. (2016). *Desarrollo cognitivo y motor.* Síntesis. Madrid.

Hay una serie de **documentos legislativos** "obligatorios" porque, entre otras cosas, los hemos debido referir en el examen escrito. Además, debemos reseñar otros **específicos** de los temas. Por ejemplo, si tratamos la "evaluación", debemos anotar la Orden de 4 de noviembre de 2015, por la que se establece la ordenación de la evaluación del proceso de aprendizaje del alumnado de educación Primaria en la Comunidad Autónoma de Andalucía.

La legislación general ya la hemos indicado en el apartado anterior sobre "Introducciones comunes", aunque referida a Andalucía. **Cada persona opositora debe adecuarla a la comunidad autónoma donde se presente**.

WEBGRAFÍA COMÚN A TODOS LOS TEMAS

Hoy día muchas de nuestras fuentes consultadas se encuentran en **Internet**, de ahí que debamos señalar algunas **webs fiables**. Nos inclinamos por revistas electrónicas de prestigio en la didáctica general y en la educación física en particular, así como a los portales de las propias **consejerías** de educación de la comunidades autónomas. Todas ofrecen recursos didácticos, experiencias... y legislación aplicada.

Algunos ejemplos, son:

http://www.agrega2.es
http://recursos.cnice.mec.es/edfisica/
http://www.ite.educacion.es/es/recursos
http://www.educarm.es/admin/recursosEducativos#nogo
www.juntadeandalucia.es/educacion/descargasrecursos/curriculo-primaria/index.html
http://www.gobiernodecanarias.org/educacion/webdgoie/
http://www.educarex.es/web/guest/apoyo-a-la-docencia
http://www.catedu.es/webcatedu/index.php/recursosdidacticos
http://www.adideandalucia.es

TEMA 4

EL CRECIMIENTO Y EL DESARROLLO NEUROMOTOR, ÓSEO Y MUSCULAR. FACTORES ENDÓGENOS Y EXÓGENOS QUE REPERCUTEN EN EL DESARROLLO Y CRECIMIENTO. PATOLOGÍAS RELACIONADAS CON EL CRECIMIENTO Y LA EVOLUCIÓN DE LA CAPACIDAD DEL MOVIMIENTO. EVALUACIÓN Y TRATAMIENTO EN EL PROCESO EDUCATIVO.

ÍNDICE

INTRODUCCIÓN

1. EL CRECIMIENTO Y EL DESARROLLO NEUROMOTOR, ÓSEO Y MUSCULAR.

    1.1. El crecimiento. Periodos.

        1.1.1. Edades del crecimiento.

        1.1.2. Principios del crecimiento.

    1.2. El desarrollo neural y motor.

    1.3. El desarrollo óseo.

    1.4. El desarrollo muscular.

2. FACTORES ENDÓGENOS Y EXÓGENOS QUE REPERCUTEN EN EL DESARROLLO Y CRECIMIENTO.

3. PATOLOGÍAS RELACIONADAS CON EL CRECIMIENTO Y LA EVOLUCIÓN DE LA CAPACIDAD DEL MOVIMIENTO.

    3.1. Patologías relacionadas con el crecimiento.

    3.2. Patologías relacionadas con el sistema óseo.

    3.3. Patologías relacionadas con el sistema neuromotor.

4. EVALUACIÓN Y TRATAMIENTO EN EL PROCESO EDUCATIVO.

    4.1. Relación del currículo con el crecimiento, desarrollo y hábitos saludables.

    4.2. Ejemplos de pruebas de evaluación sobre patologías relacionadas con el aparato motor en el aula.

    4.3. Aspectos preventivos sobre patologías relacionadas con el crecimiento en el marco de la educación física escolar.

CONCLUSIONES

BIBLIOGRAFIA

WEBGRAFÍA

INTRODUCCIÓN

La edad escolar comprende estadios de la vida del ser humano en los que los procesos de **crecimiento** y maduración se desarrollan rápida y significativamente -por lo que es uno de los fenómenos más descollantes-, influenciando de manera profunda la estructura y capacidades físicas del individuo para el futuro. No obstante, el proceso de crecimiento es similar para la mayoría de los sujetos y aunque puede ser modificado por enfermedades, cambios en la dieta o por la realización de ejercicio físico, el patrón básico sigue constante.

"*La adquisición de hábitos de vida saludable que favorezcan un adecuado bienestar físico, mental y social*", así como "*la utilización responsable del tiempo libre y del ocio, así como el respeto al medio ambiente*", son capacidades prioritarias a conseguir durante la etapa (D. 97/2015).

Es vital conocer, de un modo responsable, limitaciones y capacidades impuestas por los procesos de crecimiento y maduración, que vienen condicionadas por factores internos y externos al individuo implicando al desarrollo y crecimiento.

El educador, sin necesidad de que llegue a ser un experto en crecimiento, debe conocer básicamente los procesos más importantes que tienen lugar durante las fases de crecimiento normal a lo largo del período de escolarización. Existen numerosos **agentes** que intervienen en el desarrollo y crecimiento, unos externos al individuo como los socioeconómicos y otros de tipo hereditarios como los endocrinos.

Por otro lado existen una serie de **patologías** más habituales durante las fases del crecimiento que afectan al acto motor, y que es preciso conocer para evaluar a su alumnado y hacer las adaptaciones oportunas.

Este tema se propone dar unas **nociones elementales** sobre estos aspectos con la intención de su uso positivo por los educadores en la escuela.

1. EL CRECIMIENTO Y EL DESARROLLO NEUROMOTOR, ÓSEO Y MUSCULAR.

Crecimiento, desarrollo y maduración son términos que pueden ser utilizados para describir los **cambios** que se producen en el organismo desde la concepción hasta la adolescencia (López Chicharro y otros, 2002).

Antes de nada es necesario **definir** estos conceptos.

CRECIMIENTO	DESARROLLO	MADURACIÓN	P. CRÍTICOS
Es un aumento progresivo a nivel celular, en número (hiperplasia) o en tamaño (hipertrofia). Tiene relación directa con la edad (dos primeras décadas) y una lectura más cuantitativa, siendo fácil su medición (González y Riesco, 2005). Ruiz y Linares (1997), unen a los dos aspectos anteriores el de la mayor producción de "*matriz intercelular*" (acreción).	Indica la diferenciación o cambio progresivo de órganos y tejidos con adquisición y perfeccionamiento de sus funciones (Zarco, 1992). Cada órgano crece y se desarrolla a un ritmo específico, e interdependiente. Se alcanza el máximo grado de crecimiento y maduración. Está sometido a influencias ambientales y hereditarias.	Parámetro cualitativo y más difícil de medir. Psicológicamente significa la plenitud de las capacidades mentales (Zarco, 1992). Biológicamente indica la finalización del desarrollo orgánico general, es decir, los procesos de transformación hacia la forma adulta (López Chicharro y otros, 2002).	Son aquellos en los que el órgano es más propenso a los fenómenos de hipertrofia o hiperplasia celular.

El **desarrollo neuromotor** hace referencia a los **cambios** producidos por el desarrollo **corporal más el aprendizaje**. Analiza los procesos evolutivos del alumno desde el punto de vista del movimiento y la influencia que en éste tiene el sistema nervioso.

1. 1. EL CRECIMIENTO. PERIODOS.

El **proceso** de crecimiento en el ser humano implica básicamente la **transformación** de nutrientes en tejidos vivos, aunque con una ordenación temporal. Para ello debe haber un **predominio** de los procesos **anabólicos** sobre los **catabólicos**, es decir, en algún modo, la energía procedente de la nutrición debe de exceder a la consumida en el mantenimiento de la vida y en la actividad del sujeto (Ribas y colls., 1997).

El **ciclo vital** del humano se ha dividido tradicionalmente en **cuatro etapas**: infancia, adolescencia, adultez y senectud (Gallego, -coord.- 1998). La mayoría de autores establecen una serie de estadios concretos con unas características muy marcadas. Los estudios al respecto son **numerosos**. Nos fijamos en:

1.- **Ribas** y colls. (1997). Distinguen dos etapas: **prepuberal** y **puberal**.

    a) Crecimiento **Prepuberal**. Resumidamente, destacamos:

- **Infancia**. Hasta los 2 años
    - A partir 6 meses, los miembros inferiores crecen muy rápidos.
- **Niñez**: Desde 2 a 11-13 niñas y 12-14 niños:
    - A partir 2 años aumento gradual en altura y peso.
    - Niños crecen más en altura. Entre 6 y 10 años, ensanchan más tórax y brazos.
    - Niñas tienen edad esquelética más avanzada. Crecen más rápidamente de caderas.
    - Al final se da una relación constante entre altura y masa corporal magra que permite buen grado de coordinación.

    b) Crecimiento **Puberal**. Se significa en:

- 1ª fase puberal o **pubertad**, cuando se desarrollan los órganos sexuales.
- 2ª fase puberal o **adolescencia**. Es el final del proceso de crecimiento, que lleva a la madurez propia del estado adulto. Alrededor de la edad de desarrollo de los órganos sexuales, es cuando se suele producir un "estirón" o aceleración en el crecimiento y maduración del individuo. Suele suceder más temprano en la niñas (11-13 años) que en los niños (12-14 años), por tanto entre los 11-13 años cabe esperar que las niñas sean ligeramente más altas que los niños, aunque posteriormente esta diferencia en altura se anule e incluso se haga favorable a los jóvenes.

2.- **Ruiz y Linares**, en Conde y Viciana -coord.- (2001) y Guillén y Linares -coords.- (2002).

- Etapa **Prenatal** o Intrauterina. Desde la fecundación al nacimiento. Gran velocidad de crecimiento. Relación de dependencia con la madre.
- Etapa **Lactante**. Desde el nacimiento hasta los 2 años. Alto nivel de crecimiento, sobre todo a nivel del S. Nervioso.

- Etapa de la **Niñez**. Desde los 2 hasta los 10-11 años en niñas y 11-12 en niños. Estabilidad en el crecimiento.

- Etapa de la **Adolescencia**. Se prolonga hasta los 16 años. "Estirón puberal". O último periodo de crecimiento acelerado.

- Etapa **Adulta**. Comienza cuando cesan los procesos de crecimiento. Hacia el final de la etapa en el individuo empieza la degeneración y pérdida de funcionalidad.

3.- **Oña** (2005). Establece nueve estadios:

1. Intrauterino. Desde fecundación al nacimiento.	2. Primera Infancia o Sensorio-Motor. Desde nacimiento a los 2 años.	3. Segunda Infancia o Preescolaridad. Entre 2 y 7 años.
4. Tercera Infancia o Escolaridad. Entre 7 y 11 años.	5. Pubertad. Entre 11 y 16 años.	6. Adolescencia. Entre 16 y 20 años.
7. Juventud entre 20 y 25 años.	8. Madurez.	9. Vejez.

4.- Si modificamos lo expresado por **Gutiérrez Delgado** (2004), podemos establecer la siguiente tabla-resumen:

PERIODOS DE CRECIMIENTO	EDAD	PARTICULARIDADES
PRENATAL		Fases: germinal; embrionaria; fetal.
LACTANTE	0-2	Crecimiento veloz y desarrollo orgánico.
INFANTIL	2-6	Crecimiento y desarrollo heterogéneo. Significativos cambios funcionales.
PREPUBERAL	6-12	Lentitud y equilibrio en el desarrollo. Eficacia en muchas de las funciones orgánicas. Desarrollo de los grandes grupos musculares. Las chicas empiezan antes.
PUBERAL-ADOLESCENCIA	12-18	Alternancia de periodos de crecimiento lento y rápido.

1.1.1. LAS EDADES DEL CRECIMIENTO.

La edad biológica y cronológica no siempre coincide, por lo que debemos buscar indicadores que nos digan en qué momento evolutivo se halla el individuo. Los cuatro más utilizados, según Díaz, (1993) y Conde y Viciana (2001), son:

EDAD DENTAL	EDAD SEXUAL	EDAD SOMÁTICA	EDAD ESQUELÉTICA
Nos basamos en la dentición del sujeto, la aparición-caída-aparición definitiva de las diferentes piezas dentales	Basándonos en la aparición de los caracteres sexuales secundarios, podemos determinar el momento evolutivo vivido por el sujeto	Se basa en la observación del proceso de adquisición de peso y talla	A través de la exploración radiológica de determinadas zonas corporales, y en relación la grado de osificación de los centros de crecimiento, se puede determinar con exactitud la edad biológica del individuo

1.1.2. PRINCIPIOS DEL CRECIMIENTO.

El desarrollo de los componentes orgánicos parece ajustarse a los principios de la **tele encefalización**, que vienen recogidos por Oña (2005), como *"tendencias del desarrollo"*, aunque tradicionalmente se conocen también como "leyes":

- **Ley Céfalo-caudal**. El desarrollo nervioso sigue la dirección cabeza-tronco-miembros superiores-miembros inferiores.
- **Ley Próximo-distal**. Referida al control de las extremidades. El dominio se inicia desde el **eje** corporal **central** a las partes más **lejanas**.
- **Ley de la Continuidad, Progresión y Amortiguamiento**. El desarrollo de los sistemas biológicos es **continuo y progresivo**, existiendo un amortiguamiento creciente a medida que nos acercamos a las fases terminales. Niñas y niños crecen más aprisa en la primera infancia que en la adolescencia.
- **Ley de la Secuencia**. Los estadios de desarrollo siguen unos a otros de forma más o menos uniforme y predecible en su secuencia. Por ejemplo, todos los niños pierden antes unos dientes y luego otros.
- **Ley de la Individualidad o Patrones Individuales de Crecimiento**. Cada persona tiene un ritmo personal.
- **Ley de la Alternancia**. Se relevan periodos de crecimiento en longitud con otros en anchura.

Otros autores, como González y Riesco (2005), citan al principio o ley de "**disociación**", es decir, que todas las partes del cuerpo no aumentan en conjunto ni en la misma proporción. También hay otros autores que se centran en esta temática, como Tanner (1966), Toni (1969), Ruiz Pérez (2001), etc.

1.2. EL DESARROLLO NEURAL Y MOTOR.

a) **Neural**.

El **sistema nervioso** es la organización biológica con responsabilidad más directa en el comportamiento humano. Se va a ir formando a lo largo del desarrollo, sobre todo en el periodo **intrauterino** y **sensorio-motor**, determinando en gran medida las funciones del individuo (Oña, 2005).

El sistema nervioso se desarrolla a partir del ectoblasto en el estadio gastrular del embrión, pasando por distintas fases. Durante el desarrollo embrionario los miles de millones de neuronas que componen el cerebro son formadas por el epitelio neuronal y se desplazan para ubicarse en los sitios definitivos y establecer conexiones con otras (Fox, 2003).

El humano posee alrededor de 100.000 millones de células nerviosas o **neuronas** que, al no dividirse como otras, se van perdiendo muchas diariamente, provocando la degeneración (Gómez Mora, 2003).

Experimenta un crecimiento rapidísimo que le lleva al 75% de su peso final a los 2 años de edad y, sin embargo, no concluye su evolución hasta entrados los 30 años.

El proceso de estructuración funcional de este sistema se ve favorecido por la **mielinización**, o formación de una capa de mielina en las redes nerviosas que hacen más eficaz la transmisión del impulso nervioso. Esta mielinización tiene un curso característico en diferentes zonas del sistema nervioso, comenzando en algunos casos en la vida fetal, y no concluyendo, en otros casos, hasta bien entrada la madurez. De todas formas, hacia los 10 años se han mielinizado la mayoría de las terminaciones nerviosas.

b) **Motor**.

Wickstrom (1990) define el desarrollo motor como "los cambios producidos en el tiempo en la conducta motriz del individuo, que reflejan la interacción entre el organismo y el medio".

Hormigo, Camargo y Orozco (2008), lo entienden como "la adquisición y evolución de las habilidades motrices. Cambios producidos con el tiempo en la condición motriz, que reflejan la interacción del organismo con el medio".

El desarrollo motor está siempre presente en el individuo **durante toda su vida**. Poco a poco va perfeccionando sus capacidades motrices, de condición física, etc. que se pueden observar en cualquier realización de los patrones fundamentales del movimiento.

Hay varios modelos explicativos del desarrollo motor. Ruíz Pérez (1994), analiza dos perspectivas: europea, con autores como Ajuriaguerra, Da Fonseca, Pikler, Le Boulch, etc. y la americana, con Craty y Gallahue como principales autores.

1.3. EL DESARROLLO ÓSEO.

El incremento en altura se debe principalmente al crecimiento del esqueleto (desarrollo óseo). Los huesos largos crecen a partir de las placas epifisiarias o de crecimiento, localizadas en sus extremos, entre la epífisis articular y la diáfisis central (**metáfisis**) (Guillén y otros, 2009).

El proceso de formación u "osificación" es muy dinámico. Consiste en una continua **formación y destrucción** de hueso. La formación se realiza a partir de los **osteoblastos** (células que forman los huesos), que quedan atrapados en el tejido óseo en formación u osteoide; cuando esto ocurre los osteoblastos comienzan a almacenar calcio y fósforo, pasando a llamarse **osteocitos**; esta situación se mantiene hasta que la zona de la placa de crecimiento donde estaba el osteocito queda totalmente calcificada. Esta formación u osteogénesis tiende a aumentar en aquellos puntos óseos sometidos a grandes cargas, y por el contrario, tiende a disminuir incluso a ser reabsorbido o destruido por los osteoblastos cuando disminuye la carga o estrés a que estaba sometido el hueso (López Chicharro, 2002).

El ejercicio físico, que supone un estrés para los huesos y estimula el crecimiento óseo, produce un incremento de la densidad y la amplitud de éstos. En general, se puede decir que la realización de ejercicio físico durante el crecimiento tiende a generar un esqueleto más **denso**, **fuerte** y mejor preparado para soportar cargas y tensiones (Ribas y col. 1997).

No obstante, el crecimiento lineal seguirá mientras los centros de osificación estén abiertos, lo que suele ocurrir hasta pasados 18 años e incluso los 22-23 años.

1.4. DESARROLLO MUSCULAR.

La ganancia de **peso** que ocurre durante el crecimiento se obtiene, sobre todo, a partir del incremento del tejido muscular. Éste crece de manera estable durante los primeros **siete años** de vida, si bien, antes de la pubertad, hay cierta **ralentización**. Pero durante la **pubertad** los músculos crecen rápidamente, especialmente en los jóvenes y siempre después del "estirón" en altura. Ya en el adulto, el 45 % de su peso se corresponde con la masa muscular (Gómez Mora, 2003).

En cualquier caso, el aumento en el tamaño de los músculos está directamente relacionado con la fuerza y ésta es un buen indicador del éxito en la competición. La acentuación del tamaño muscular durante la adolescencia depende del nivel de maduración de la estructura corporal, de la cantidad de la actividad física, etc. No obstante, las capacidades motrices de los músculos esqueléticos dependen también de la actividad neural, y, por tanto, del grado de maduración del sistema nervioso. Por otro lado, la disponibilidad de **hormonas** sexuales **masculinas** es imprescindible para que el ejercicio físico pueda inducir un crecimiento de la masa muscular; tratar de conseguir esto en un niño adolescente, en el que los niveles de hormonas son claramente insuficientes (diez veces inferior a un adulto) será inútil y peligroso.

2. FACTORES ENDÓGENOS Y EXÓGENOS QUE REPERCUTEN EN EL DESARROLLO Y CRECIMIENTO.

El desarrollo y el crecimiento están condicionados por una serie de elementos. Por factores **endógenos** entendemos a los agentes internos, hereditarios o intrínsecos del individuo. Los factores **exógenos** son los externos, el medio donde el individuo se desenvuelve (Zarco, 1992).

FACTORES CONDICIONANTES DEL DESARROLLO Y CRECIMIENTO	
a) Endógenos-Internos • Herencia • Sistema Endocrino/Hormonal • Sexo • Enfermedad • Edad	**b) Exógenos-Externos** • Prenatales: Dieta, control medicación, no tomar alcohol, tabaco ni otras drogas, control enfermedades y vacunas, riesgos por edad, compatibilidad en el RH y atención a la exposición a radiaciones. • Postnatales: Nutrición, control de enfermedades, aspectos sociales, actividad física, vida higiénica y ausencia de enfermedades psíquicas

Seguimos a Gutiérrez Sáinz (1992), Zarco (1992) y a Ruiz y Linares, en Conde y Viciana -coord.- (2001), Ruiz Pérez (2005) y Calderón (2012), entre otros autores:

a) **Factores endógenos**. En general se puede decir que las **condiciones genéticas** de un individuo son determinantes para la obtención de un desarrollo óptimo de sus capacidades físicas, pero además requieren entrenamiento sistematizado.

- **Herencia**. Aquí incluimos los aspectos genéticos. Cada persona tiene unos caracteres propios de su familia. Por ejemplo, la talla de los padres y la de los hijos en la edad adulta.
- **Sistema endocrino-hormonal**. El sistema endocrino está formado por una serie de glándulas que segregan unas sustancias (hormonas), que circulan por el torrente sanguíneo, y que tienen por misión regular las funciones de otros sistemas. La mayoría se autocontrolan **recíprocamente**. Su influencia es decisiva para el crecimiento y desarrollo. Por ejemplo, la hormona somatotropina o del crecimiento, la tiroxina, testosterona, insulina y adrenalina.

- **Sexo**. Hay diferencias entre uno y otro. Por ejemplo, en cuanto a la talla, cantidad de tejido muscular y adiposo, inicio de la pubertad, tamaño de las caderas, etc.
- **Enfermedades**. La enfermedad puede verse como factor externo o interno. Una enfermedad mayor retrasa el crecimiento, pero se recupera si no es muy larga y no ocurre en el primer año de vida. La reiteración de traumatismos y fracturas pueden causar retraso del crecimiento en el hueso afectado, así como deformaciones y asimetrías.
- **Edad.** La programación genética está determinada y se manifiesta en relación a la edad. El crecimiento se inicia de forma muy rápida en los primeros momentos de la vida, reduce su aceleración progresivamente y no se detiene hasta el final de la adolescencia. Al llegar la pubertad se experimenta un incremento que se conoce como "estirón puberal" y que tiene una duración de tres años. Sin embargo, hasta los 30 años se continúa creciendo, aunque no más de un 2% debido a los depósitos cálcicos en determinados huesos. A los 45 años se mantiene la estatura y, a partir de esa edad, se reduce la misma.

b) **Factores exógenos**. Los dividimos en dos grupos:

- **Agentes prenatales**. Inciden durante el embarazo. Se derivan del medio exterior, aunque otros son propios de la madre. Destacamos a:
    - Dieta equilibrada. Control del peso durante el embarazo.
    - Medicación controlada. Aportes vitamínicos y cualquier otro tratamiento debe estar controlado por el médico que lleve el proceso de embarazo.
    - Ingesta de alcohol y el consumo de tabaco y otras drogas. Deben estar ausente en la madre.
    - Enfermedades, Vacunas. Debe estar controlado por el médico.
    - Edad. Edades tardías de embarazo pueden suponer riesgo.
    - RH compatible. La incompatibilidad de RH entre madre y padre debe tener vigilancia por el especialista.
    - Exposición a radiaciones. Rehusar el uso de rayos X, aparatos electrónicos, etc. y de esta forma se evitan posibles malformaciones en el feto.

- **Agentes postnatales**. Intervienen a partir del nacimiento:
    - Nutrición equilibrada y enfermedades. Controlado por el pediatra.
    - Aspectos socioeconómicos. Influyen las comodidades, el ambiente, las instalaciones deportivas del barrio, etc. y los hábitos de salud e higiene.
    - Actividad física. Favorece el crecimiento, siempre y cuando esté sistematizada y controlada.
    - Factores psíquicos. Pueden intervenir negativamente en el crecimiento.

3. PATOLOGÍAS RELACIONADAS CON EL CRECIMIENTO Y LA EVOLUCIÓN DE LA CAPACIDAD DEL MOVIMIENTO.

Para la elaboración de este punto seguimos, fundamentalmente, a Ávila (1989), Magraner (1993), VV. AA. (1997), Navas -coord.-, (2001), Delgado y Tercedor (2002), Rodríguez y Guso (2002), Gómez Mora (2003), Galiano y Alonso (2004), González y

González (2004) González Iturri (2004), Ruiz Pérez (2005), Bernal -coord.- (2005), Rodríguez García (2006), Gil (2006), Sainz y otros (2006), Miralles y Miralles (2006), Cañizares y Carbonero (2006), Guillén y otros (2009), Rosillo (2010), Paredes et al. (2012), Balius y Pedret, (2013) y Gutiérrez (2015).

NOTA: Ahora concretamos la "*evaluación y tratamiento en el proceso educativo*" de cada patología. En el punto 4 lo presentamos de forma más genérica.

Si bien, por norma general, la actividad física es beneficiosa para el crecimiento, en una minoría de alumnado que tiene algún tipo de patología, sucede lo contrario y se imponen ciertas reservas. Ahora veremos **algunas** de las enfermedades que se van agravando con el proceso de crecimiento debido a que van evolucionando paralelamente al desarrollo. La variedad de estas patologías es muy numerosa, siendo difícil citarlas a todas.

Tienen diversa **etiología**, como la intrínseca (trastornos en la estática, como los de la columna o los pies); la extrínseca (actividad física improcedente, el uso de elementos perjudiciales, como calzado) y enfermedades (anorexia, etc.). En cualquier caso, pueden ser de **afectación** leve o grave y de corta o larga **duración**.

3.1. PATOLOGÍAS RELACIONADAS CON EL CRECIMIENTO.

De las **múltiples** enfermedades que inciden en el crecimiento, destacamos a:

- **Enanismo**. Trastorno del crecimiento caracterizado por alcanzar el individuo una talla por debajo de lo normal (127 cm.). Sus causas son hormonales, genéticas o por influencias ambientales (carencias alimenticias, infecciones específicas). Es, de hecho, inhabitual.

- **Gigantismo**. Crecimiento anormal y excesivo de una persona. Se relaciona con la enfermedad de la hipófisis. No confundir con el gigantismo no patológico, consistente en que un sujeto normal rebasa a los individuos de su raza, pero derivado de un gigantismo familiar. Tiene una incidencia escasa.

- **Cretinismo**. (Hipotiroidismo congénito). La falta de la hormona tiroxina provoca retraso mental y físico, escoliosis, taras en las extremidades, cabello raro y escaso, etc. Es escasa su incidencia.

- **Caquexia**. Implica una desnutrición extrema que suele ser consecuencia del proceso de ciertas enfermedades.

- **Obesidad**. Es un exceso de grasa corporal que, por lo general, se acompañada por un incremento del peso del cuerpo. Sus causas son múltiples, e incluyen factores de tipo genético, endocrino y metabólico, además del estilo de vida que se lleve (Martínez, 2006).

- **Anorexia**. Es un trastorno de la conducta alimentaria. Se caracteriza por una delgadez extrema que en ocasiones puntuales acarrea la muerte. Esta carencia del apetito tiene un componente psíquico muy significativo. La valoración que hacen de sí misma las personas afectadas está determinada por lo que opinan de su cuerpo (Zagalaz, Cachón y Lara (2014).

- **Bulimia**. Como la anterior, se trata de un desorden en la conducta alimenticia. Se come casi continuamente y de forma compulsiva. En muchas ocasiones el individuo vomita de forma voluntaria o bien toma diuréticos y laxantes.

Evaluación y tratamiento escolar. Las alteraciones anteriores son muy variadas. Ante todo debemos tener en cuenta las indicaciones del especialista que esté llevando al alumno o alumna. En virtud de ello estableceremos las correspondientes adaptaciones curriculares y su gradación, en caso necesario con la ayuda del E.O.E. asignado al centro.

En cualquier caso, debemos promover y formar para una actividad física regular enlazada a la adopción de buenos hábitos de alimentación y actividad física que incidan positivamente sobre la salud y calidad de vida, así como motivar la búsqueda de soluciones globalizadas encaminadas a corregir los problemas.

3.2. PATOLOGÍAS RELACIONADAS CON EL SISTEMA ÓSEO.

En este grupo incluimos seis apartados:

a) Enfermedades degenerativas	b) Patologías de los pies	c) Patologías de las rodillas
d) Patologías en el raquis	e) Patologías en la pelvis	f) Patologías en el tronco

a) ENFERMEDADES DEGENERATIVAS. Son alteraciones que surgen durante el proceso del crecimiento, afectan a la práctica del ejercicio físico y normalmente vienen detectadas por el pediatra, aunque en muchas ocasiones es el docente especialista quien da la voz de alarma.

Siguiendo especialmente a Magraner (1993), distinguimos las Osteocondrosis y las Osteocondritis.

- **Osteocondrosis**. Debido a una alteración vascular, se produce una degeneración o necrosis en la epífisis ósea y una fibrosis en la metáfisis. Las edades más críticas coinciden con los periodos de crecimiento: de 5 a 7 años y de 10 a 13 años. Dolor, hinchazón de la epífisis, poca movilidad, etc. son sus síntomas.

- **Osteocondritis**. Es una inflamación simultánea de un hueso y su cartílago. Existen muchas variantes. Por ejemplo, la Osteocondritis deformante de la cadera juvenil, también llamada "Enfermedad de Legg-Calvé-Perthes", la Osteocondritis del tubérculo proximal de la tibia, muy conocida como la "Enfermedad de Osgood-Schlatter" y la Osteocondritis de la epífisis vertebral o "Enfermedad de Schevermann", (Scheüermann para algunos autores).

Evaluación y tratamiento. Debemos proceder con cautela y restringir la actividad física que implique la movilización de la zona. En todo caso, algunos tipos de actividades relacionadas con lanzamientos, expresión, etc. puede hacerse, pero siempre bajo el consejo del médico. Realizar las adaptaciones individuales oportunas.

b) PATOLOGÍAS DE LOS PIES. Es una zona con una patología muy amplia. Las alteraciones más conocidas las podemos resumir en dos:

- **Pie Plano**. Es un hundimiento de la bóveda plantar, de más o menos importancia. Es fácil de apreciar observando la huella del pie descalzo al salir, por ejemplo, de la ducha. Existen diversas variantes: fisiológico, falso, raquítico, valgo, congénito, etc.

- **Pie Cavo**. Se reconoce por la remarcada bóveda plantar. Hay dos tipos más fundamentales: fisiológico y patológico, que además se sub-divide en unilateral, traumático y patológico.

- **Otros**. En la bibliografía especializada aparecen muchos más tipos. Señalamos al pie talo (bóveda muy exagerada); pie varo (apoya con la parte externa del talón) y pie zambo (apoya con toda la parte externa del pie).

<u>Evaluación y tratamiento</u>. Si lo detectamos debemos avisar a la familia. En general, el tratamiento de estas patologías, es fisioterapéutico y ortopédico.

c) PATOLOGÍAS DE LAS RODILLAS. Algunos alumnos presentan una serie de desviaciones que es necesario observar:

- Desviaciones **anteroposteriores**:
    - **Genuvaro**. Reconocido por la posición de las rodillas en "( )". Tienen varios centímetros de separación entre las caras internas de las rodillas.
    - **Genuvalgo**. Fácil de ver por las rodillas en forma de "X". Es más común en mujeres y en hombres altos.

- Desviaciones **laterales**:
    - **Genu-recurvatum**. Se significa por una hiperextensión de rodillas, debido a una laxitud articular.
    - **Genu-flexo**. La rodilla suele estar siempre con una leve flexión.

<u>Evaluación y tratamiento</u>. Debemos detectar cualquiera de estas anomalías para informar a la familia y que ésta acuda con su hija o hijo al especialista. Es fácil comprobarlo poniendo al alumnado de pie con las rodillas juntas y observándolo. También durante la carrera podemos hacerlo. El informe del médico será determinante para nuestra actuación.

- **Síndrome de Osgood-Schlatter**. Es un trastorno doloroso de la rodilla que suele ocurrir en personas jóvenes y activas. Está relacionado con el crecimiento y se inflama la inserción del tendón rotuliano en la tuberosidad anterior de la tibia.

<u>Evaluación y tratamiento</u>. Se detecta porque quien la padece apenas puede saltar o subir unos peldaños de la escalera, sobre todo en su fase aguda. Es fundamental el descanso y, a veces, se hace tratamiento de fisioterapia.

d) PATOLOGÍAS EN EL RAQUIS. Las patologías estructurales de la columna vertebral se denominan dismorfias de raquis, y al contrario de los defectos posturales, no pueden ser corregidos por el esfuerzo voluntario del individuo.

Seguimos específicamente a Cantó y Jiménez, (1997).

- **Hiper Lordosis**. Es el aumento de la lordosis fisiológica. Puede ser congénita, pero la más frecuente es la hiper lordosis de posición sin malformaciones y por incorrecto equilibrio de posición en la pelvis y que se fija progresivamente.
- **Escoliosis**. Es toda desviación lateral del raquis, y que empieza a ser de cierta gravedad a partir de los $30°$.
- **Hiper Cifosis**. La vulgarmente llamada cifosis es una exageración o inversión de una curvatura antero-posterior. Este término abarca frecuentemente la cifosis dorsal, compensada a menudo por una hiper lordosis lumbar.

Evaluación y tratamiento. Debemos proceder con cautela y que sea el médico quien dicte la actuación. En algunos casos quien la padece se ve obligado a llevar corsé y éste no se puede quitar. En otras ocasiones sucede al contrario, si bien limita mucho la motricidad. Eso sí, casi siempre lo más recomendado es potenciar la zona dorsal y abdominal en agua.

e) PATOLOGÍA CADERA Y PELVIS. La cadera es la región que se encuentra a ambos lados de la pelvis. Destacamos a:

- **Epifisiolisis de la cabeza del fémur**. Desplazamiento de la cabeza del fémur debido a una fractura del cartílago de crecimiento. Es un problema bastante frecuente durante la infancia y adolescencia.

- **Enfermedad de Legg-Calvé-Perthes**. Localizada en la cadera donde se produce una debilidad progresiva de la cabeza del fémur y que puede provocar una deformidad permanente de la misma.

La pelvis es la región anatómica limitada por los huesos que forman la cintura pélvica, formada por la unión de los dos coxales (ilion, isquion y pubis) y el hueso sacro. Distinguimos:

- **Plano sagital**. Anteversiones y retroversiones, que influyen sobre las curvaturas sagitales de la columna.

- **Plano frontal**. Desniveles pélvicos, bien por causa de una escoliosis, bien por diferencia de longitudes de los miembros inferiores, entre otras causas. Suele corregirse con un alza.

Evaluación y tratamiento. Debemos proceder con cautela y restringir la actividad física que implique la movilización de la zona. En todo caso algunos tipos de actividades relacionadas con lanzamientos, expresión, etc. puede hacerse, pero siempre bajo el consejo del médico.

f) PATOLOGÍA EN EL TRONCO.

- **Tórax en quilla**. El esternón se encuentra sobresalido.

- **Tórax hendido**. El esternón está hundido.

Evaluación y tratamiento. Debemos proceder con cautela y que sea el médico quien dicte la actuación. Tendremos precaución con juegos que impliquen contacto, giro y salto.

3.3. PATOLOGÍAS RELACIONADAS CON EL SISTEMA NEUROMOTOR.

Las más usuales entre la población infantil son las miopatías y las parálisis.

a) MIOPATÍAS. Es una afección progresiva del sistema neuromuscular.

- **Miotonías**. Exceso de tono. El músculo no se relaja.

- **Distrofia muscular**. Progresiva atrofia de algunos paquetes musculares.

- **Hipotonías**. Es una disminución del tono muscular.

- **Poliomielitis**. Es una enfermedad infecciosa aguda causada por un poliovirus gastrointestinal, que puede atacar el sistema nervioso y destruir las células encargadas del control muscular. Como consecuencia, los músculos afectados dejan de cumplir su función y se puede llegar a una parálisis irreversible.

b) PARÁLISIS. Es la pérdida de movilidad voluntaria de una zona corporal a consecuencia de una lesión o enfermedad de las vías nerviosas motrices. Puede ser congénita o adquirida a través de enfermedad o traumatismo. Dependiendo de la **topografía** de la afectación, distinguimos:

- **Monoplejía**: sólo está afectada una extremidad.

- **Hemiplejía**: afectación de pierna y brazo del mismo lado.

- **Doble Hemiplejía**: afectación en ambos lados.

- **Paraplejía**: afectación de los dos miembros inferiores.

- **Diplejía**: mayor significancia en los miembros inferiores que en los superiores.

- **Tetraplejía**: afectación de los miembros superiores e inferiores por igual.

- **Triplejía**: afectación de tres miembros.

Evaluación y tratamiento. Debemos proceder con cautela y que sea el médico quien dicte la actuación específica. En todo caso, debemos facilitar que adquiera la mayor independencia motriz que sea posible adaptando todas las actividades a su estado específico, incluyendo el uso de aparatos de ayuda a la deambulación.

4. EVALUACIÓN Y TRATAMIENTO EN EL PROCESO EDUCATIVO.

Vemos qué nos indica el D.C., algunos ejemplos de pruebas fáciles para detectar problemas en nuestro alumnado y pautas metodológicas sobre la prevención.

4.1. RELACIÓN DEL CURRÍCULO CON EL CRECIMIENTO, DESARROLLO Y HÁBITOS SALUDABLES.

Establecemos la relación a través de los siguientes puntos:

a) **Aspectos generales**.

Alrededor del concepto sobre salud nace la educación para la salud, entendida como un proceso de información y responsabilidad del individuo, con el fin de adquirir hábitos, actitudes y conocimientos básicos para la defensa y la promoción de la salud **individual** y **colectiva** (Rodríguez García, 2006). Por lo tanto esta idea no es nueva, educación física-salud mantienen una relación histórica y ésta se acentúa significativamente a **partir del currículo LOGSE** -y se refrenda en el de la L. O. E. y L. E. A y LOMCE (ésta incide en el binomio actividad física diaria y pautas de alimentación saludable), no sólo por la alusión que hace a las CC. Clave, objetivos y contenidos del Área de Educación Física, sino por los de la propia Etapa, otras áreas y Temas Transversales (Garoz y Maldonado, 2004).

Es sabido que la educación para la salud es una tarea multidisciplinar, pero también debe involucrarse la propia familia a través de las A. M. P. A. (Rodríguez García, 2006). *"La educación para la salud es uno de los caminos más adecuados si se pretende instaurar en los niños de infantil, primaria y secundaria unos hábitos y un estilo de vida saludable"* M.E.C. y M. S. (2009).

En Andalucía, la O. 17/03/2015, indica en su Introducción que *"Proporcionar un estilo de vida saludable es un elemento esencial del área de Educación física. Es cierto que son muchos los beneficios que genera la sociedad del conocimiento, pero también ha sido pródiga en costumbres poco saludables desde la infancia, donde el sedentarismo y la obesidad pueden llegar a convertirse en problemas graves para la salud. Desde esta perspectiva, la Educación física ha de tratar de mantener el equilibrio entre actividad y reposo haciendo que la máxima "mens sana in corpore sano" siga teniendo validez. Por ello, la Educación física se debe centrar en plantear propuestas para el desarrollo de planos competenciales relacionados con la salud, y que tendrían como finalidad tanto la adquisición de hábitos saludables en virtud a una práctica regular de actividades físicas como una actitud crítica ante aquellas prácticas sociales ya asentadas o emergentes que resulten perjudiciales. Se trata de que cada alumna o alumno adquieran hábitos saludables que posibiliten sentirse satisfechos con su propia identidad corporal, la cual será vehículo de expresión y comunicación consigo mismo y con los demás".*

En cualquier caso, no debemos olvidar lo expresado por la LOMCE/2013, en su disposición adicional cuarta sobre "**promoción de la actividad física y dieta equilibrada**". "Las administraciones educativas adoptarán medidas para que la actividad física y la dieta equilibrada formen parte del comportamiento infantil y juvenil. A estos efectos, dichas Administraciones promoverán la **práctica diaria de deporte y ejercicio físico** por parte de los alumnos y alumnas durante la jornada escolar, en los términos y condiciones que, siguiendo las recomendaciones de los organismos competentes, garanticen un desarrollo adecuado para favorecer una **vida activa, saludable y autónoma**. El diseño, coordinación y supervisión de las medidas que a estos efectos se adopten en el centro educativo, serán asumidos por el **profesorado con cualificación** o especialización adecuada en estos ámbitos".

b) **CC. Clave**

Competencias sociales y cívica, por cuanto la Educación física ayuda a entender, desarrollar y poner en práctica la relevancia del ejercicio físico y el deporte como medios esenciales para fomentar un estilo de vida saludable que favorezca al propio alumno, su familia o su entorno social próximo. Se hace necesario desde el área el trabajo en hábitos contrarios al sedentarismo, consumo de alcohol y tabaco, etc. La competencia social se relaciona con el bienestar personal y colectivo. Exige entender el modo en que las personas pueden procurarse un estado de salud física y mental óptimo, tanto para ellas mismas como para sus familias y para su entorno social próximo, y saber cómo un estilo de vida saludable puede contribuir a ello.

El área también contribuye en cierta medida a la adquisición de la **competencia en comunicación lingüística**, ofreciendo gran variedad de intercambios comunicativos, del uso de las normas que los rigen y del vocabulario específico que el área aporta. **Competencia digital**, ya que los medios informáticos y audiovisuales ofrecen recursos cada vez más actuales para analizar y presentar infinidad de datos que pueden ser extraídos de las actividades físicas, deportivas, competiciones, etc. El uso de herramientas digitales que permitan la grabación y edición de eventos (fotografías, vídeos, etc.) suponen recursos para el estudio de distintas acciones llevadas a cabo.

c) Objetivos de etapa.

Por su parte, el la O. 17/03/2015, indica en el **objetivo de Etapa** "k", *"valorar la higiene y la salud, aceptar el propio cuerpo y el de los otros, respetar las diferencias y utilizar la educación física y el deporte como medios para favorecer el desarrollo personal y social"*.

d) Objetivos de área.

El **objetivo nº 3 y 4 son los más concretos** en pronunciarse sobre la salud:

O.EF.3. Utilizar la imaginación, creatividad y la expresividad corporal a través del movimiento para comunicar emociones, sensaciones, ideas y estados de ánimo, así como comprender mensajes expresados de este modo.

O.EF.4. Adquirir hábitos de ejercicio físico orientados a una correcta ejecución motriz, a la salud y al bienestar personal, del mismo modo, apreciar y reconocer los efectos del ejercicio físico, la alimentación, el esfuerzo y hábitos posturales para adoptar actitud crítica ante prácticas perjudiciales para la salud.

e) Contenidos.

El **Bloque de contenidos nº 2**, *"La Educación física como favorecedora de la salud"*, que está constituido por aquellos conocimientos necesarios para que la actividad física resulte saludable, contenidos para la adquisición de hábitos de actividad física a lo largo de la vida, como fuente de bienestar.

f) Criterios de evaluación.

En el R.D. 126/2014 también encontramos referencias a la salud en los criterios de evaluación, por ejemplo: *"5. Reconocer los efectos del ejercicio físico, la higiene, la alimentación y los hábitos posturales sobre la salud y el bienestar, manifestando una actitud responsable hacia uno mismo"*.

g) Estándares de aprendizaje.

En el R.D. 126/2014 aparecen estos estándares relacionados con la salud:

5.1. Tiene interés por mejorar las capacidades físicas.
5.2. Relaciona los principales hábitos de alimentación con la actividad física (horarios de comidas, calidad/cantidad de los alimentos ingeridos, etc.).
5.3. Identifica los efectos beneficiosos del ejercicio físico para la salud.
5.4. Describe los efectos negativos del sedentarismo, de una dieta desequilibrada y del consumo de alcohol, tabaco y otras sustancias.
5.5. Realiza los calentamientos valorando su función preventiva.

El D. 328/2010, de 13 de julio, por el que se aprueba el Reglamento Orgánico de los colegios de educación infantil y primaria, BOJA nº 139, de 16/07/2010, indica en su artículo 29 *"la prevención de riesgos y la promoción de la seguridad y la salud como bien social y cultural"*.

Bernal -coord.- (2005), indica una serie de pautas a tener en cuenta el docente:

- Prever los riesgos durante las actividades propuestas.
- Conocer el estado inicial de cada escolar.

- Adecuarse a las peculiaridades de los mismos y no llegar a situaciones extremas.
- Revisar los recursos espaciales y materiales antes de su uso.
- Enseñarles a manipular los materiales.
- En cualquier sesión práctica no olvidar sus tres apartados y la relación entre el tiempo de trabajo y el de pausa.

Por otro lado, la utilización de las TIC abre un abanico de posibilidades muy ricas, ofreciendo una motivación extra al alumnado (Archanco y García, 2006).

Aunque en todos los apartados del punto tercero hemos hecho una referencia muy concreta a la evaluación y tratamiento escolar, ahora lo vemos desde un punto de vista más genérico. En casi todos los centros hay algún alumno o alumna con algún tipo de problema relacionado con el crecimiento y el movimiento y que previamente ha localizado su **pediatra**.

Pero en algunas ocasiones esto no es así y, normalmente, maestras y maestros **detectamos** cualquier patología relacionada con el movimiento con la simple observación de los juegos realizados en clase. Por ejemplo, en la carrera podemos observar detalles de pies y rodillas; en la flexión profunda de tronco, en posición de pie, alguna alteración a nivel de raquis o cadera. Por otro lado, a la hora de tomar el pulso al grupo, si la frecuencia media del mismo es de 120 pulsaciones/minuto y un alumno está en 190, es preciso observarlo por si, se repite, es que nos manifiesta algún tipo de irregularidad. Estos son algunos de los múltiples ejemplos que podemos señalar.

En estos casos, nuestra actuación consistirá en avisar a la **familia** para que lo lleve al especialista médico y ponga el remedio necesario.

El médico puede emitirnos un **informe** sobre el tipo de actividad recomendable e incorporar a nuestro currículum los ejercicios individualizados de rehabilitación de determinados alumnos, debido a que tenemos la obligación de utilizar el principio de inclusión al que nos remite la LOE/2006, modificada por la LOMCE/2013. Nos indica la integración plena de los alumnos con discapacidades. Además debemos señalar a la O. de 25 de julio de 2008, por la que se regula la **atención a la diversidad** del alumnado que cursa la educación básica en los centros docentes públicos de Andalucía, B. O. J. A. nº 167, de 22/08/2008.

Así pues, pruebas eminentemente médicas para evaluar el crecimiento y desarrollo, como determinar la edad dental, esquelética, sexual, etc. son temas que no nos competen.

Ahora mencionamos unas simples pruebas a realizar en clase.

4.2. EJEMPLOS DE PRUEBAS DE EVALUACIÓN SOBRE PATOLOGÍAS RELACIONADAS CON EL APARATO MOTOR EN EL AULA.

La mayoría de nuestro alumnado no tiene ningún tipo de deficiencia, no obstante podemos realizar algunas pruebas específicas de valoración que nos determinen si algún individuo presenta cualquier tipo de lesión, aunque de manera somera, ya que el verdadero profesional es el médico especialista (Cantó y Jiménez, 1997).

a) Reconocimiento de la columna vertebral para la localización de **escoliosis**.

Podemos hacerlo de dos maneras. En la primera, el alumno se sienta en un taburete, preferentemente vestido con una camiseta ceñida. El docente se pone detrás y observa la espalda y línea de hombros. Quien no tenga ésta recta, es probable que tenga escoliosis o actitud escoliótica.

En la segunda, el individuo se coloca de pie, con las piernas ligeramente abiertas y las rodillas extendidas. Hará una flexión profunda de tronco, con los brazos colgando hacia abajo. El docente se situará enfrente y observará si la espalda presenta simetría. En el caso de advertir un lado más alto que el otro, es probable que tenga escoliosis o actitud escoliótica.

b) Reconocimiento de la columna vertebral para la localización de la **cifolordosis**.

El alumno debe ponerse de pie sobre la pared, con su espalda tocándola. El docente se colocará lateralmente y observará si son exageradas o no las flexiones de las vértebras cérvico-dorsales y/o extensión de las lumbares, es decir, si percibe una curvatura exagerada en C o en S del raquis en el plano lateral.

c) Reconocimiento **básico postural**.

Una postura deficiente es la que presenta la cabeza hacia delante, el tórax deprimido, el abdomen se encuentra en relajación completa y protuberante, las curvas raquídeas son exageradas y los hombros están sostenidos por detrás de la pelvis. Para ello debemos observar al sujeto de perfil.

d) Reconocimiento de **pie plano** o **cavo**.

El pie plano se puede apreciar porque la huella que deja en el suelo, por ejemplo al mojarse, es total. El cavo, al presentar un aumento anormal de la bóveda plantar, en la huella que deja no se aprecia ésta.

4.3. ASPECTOS PREVENTIVOS SOBRE PATOLOGÍAS RELACIONADAS CON EL CRECIMIENTO EN EL MARCO DE LA EDUCACIÓN FÍSICA ESCOLAR.

Actividades que han sido consideradas tradicionalmente como adecuadas, actualmente están desaconsejadas bajo una concepción de actividad física-salud. López Miñarro, (2000), nos pone como ejemplo el clásico ejercicio de abdominales, iniciados con la cadera en extensión, actuando el psoas ilíaco como músculo motor de una no deseable hiperextensión lumbar en los primeros grados de movimiento. Otros autores, como Herrador (2015), mencionan la reiteración de los multisaltos, los juegos con sobrecarga del compañero, ciertos estiramientos, etc. Este autor propone unas alternativas que es preciso que todo profesional conozca. Además, citamos a:

- **Las carteras unilaterales**. Ésta debe colocarse a nivel dorsal bajo para favorecer la hiperextensión dorsal. No deben usarla los escolióticos severos graves o portadores de corsés.
- **Actitud psico-fisiológica**. Es frecuente observar actitudes cifóticas en individuos deprimidos; además de una actitud postural inadecuada puede conllevar a una autoimagen negativa.
- **Defectos de visión y su incidencia en la postura**. Los defectos posturales pueden ser debidos a una visión inadecuada ya que continuamente deben buscar una postura compensatoria de la cabeza que modifique las distancias y/o ángulos de visión (Delgado y Tercedor, 2002).
- **Contraindicaciones al comenzar**. Gómez Mora (2003), indica una serie de síntomas a tener en cuenta durante los **primeros días** de clase con objeto de

que, si los detectamos, avisemos a la familia para que lleve al niño a revisión médica. Por ejemplo, respiración entrecortada, sensación de vértigo o mareo, calambres musculares, dolor en el pecho, falta de aliento o debilidad en las piernas. En este sentido, Delgado y Tercedor (2002), establecen unas "**contraindicaciones absolutas**": insuficiencias renal, hepática, pulmonar o cardiaca; enfermedades infecciosas agudas; las metabólicas, etc. También nos hablan sobre la "**contraindicaciones relativas**": retraso en crecimiento y maduración, ausencia de órganos, disminuciones sensoriales significativas, alteraciones músculo esqueléticas, obesidad desmedida, asma, etc.

CONCLUSIONES

En este tema hemos atendido a cómo se va produciendo el desarrollo neuromotor, óseo y muscular y su importancia durante las edades propias de la Etapa Primaria. Todo esto ha sido estudiado por numerosos autores que destacan una serie de fases que debemos tener en cuenta a la hora de nuestra intervención didáctica. Una mala práctica física puede acarrear consecuencias negativas a nuestro alumnado. También hemos visto cómo influyen los factores internos y externos al individuo en su desarrollo y crecimiento. El docente especialista debe conocer en profundidad las distintas patologías que están relacionadas con el crecimiento y el movimiento para detectar cualquier alteración y poner el remedio oportuno. Columna vertebral, pies, rodillas, además del sistema cardiorrespiratorio, son puntos relativamente fáciles de observar y descubrir anomalías que, en las edades de Primaria, pueden tener mejor solución que posteriormente. La Educación Física en las edades de escolarización debe tener una presencia importante en la jornada escolar si se quiere ayudar a paliar el sedentarismo, que es uno de los factores de riesgo identificados, que influye en algunas de las enfermedades más extendidas en la sociedad actual. Los niveles que la Educación Física plantea tienen que adecuarse al nivel de desarrollo de las alumnas y de los alumnos, teniendo siempre presente que la conducta motriz es el principal objeto de la asignatura y que en esa conducta motriz deben quedar aglutinados tanto las intenciones de quien las realiza como los procesos que se pone en juego para realizarla. Por último destacar la importancia de la postura en el aula y la colaboración entre el docente-familia-médico en el tratamiento de cualquier anomalía o enfermedad.

BIBLIOGRAFÍA

- ÁVILA, F. (1989). *Higiene y precauciones para la práctica del deporte en sujetos con alteraciones ortopédicas no invalidantes*. En RIBAS, J. (coord.) *Educación para la salud en la práctica deportiva escolar*. Unisport. Málaga.
- BALIUS, R. y PEDRET, C. (2013). *Lesiones musculares en el deporte*. Panamericana. Madrid.
- BERNAL, J. A. -coord.- (2005). *Prevención de lesiones y primeros auxilios en la educación física y el deporte*. Wanceulen. Sevilla.
- CALDERÓN, F. J. (2012). *Fisiología humana. Aplicación a la actividad física*. Panamericana. Madrid.
- CANTÓ, R. y JIMÉNEZ, J. (1997). *La columna vertebral en la edad escolar*. Gymnos. Madrid.
- CAÑIZARES, J. Mª y CARBONERO, C. (2006). *Temario de oposiciones de Educación Física para Primaria*. Wanceulen. Sevilla.
- CONDE, J. L. y VICIANA, V. (2001). *Fundamentos para el desarrollo de la motricidad en edades tempranas*. Aljibe. Málaga.
- DELGADO, M. y TERCEDOR, P. (2002). *Estrategias de intervención en educación para la salud desde la Educación Física*. INDE. Barcelona.
- DÍAZ, J. (1993). *El desarrollo motor y su implicación didáctica*. En VV. AA. *Fundamentos de Educación Física para Enseñanza Primaria*. INDE. Barcelona.

- FOX, I. F. (2003). *Fisiología Humana*. Interamericana/McGraw Hill. Madrid
- GALIANO, D. y ALONSO, J. (2004). *Riesgos y epidemiología de las lesiones deportivas en el niño y adolescente*. En ROMERO, S. y PRADA, A. (coords.) *Lesiones deportivas en el niño y adolescente*. Wanceulen. Sevilla.
- GALLEGO, J. L. (Coor.) (1998). *Educación Infantil*. Aljibe. Málaga.
- GIL MORALES, P. A. (2006). *Primeros Auxilios en Animación Deportiva*. Wanceulen. Sevilla.
- GÓMEZ MORA, J. (2003). *Fundamentos biológicos del ejercicio físico*. Wanceulen. Sevilla.
- GONZÁLEZ, P. y GONZÁLEZ, J. (2004). *Apofisitis*. En ROMERO, S. y PRADA, A. (coords.) *Lesiones deportivas en el niño y adolescente*. Wanceulen. Sevilla.
- GÓNZÁLEZ ITURRI, J. J. (2004). *Deformidades raquídeas y deporte en el niño*. En ROMERO, S. y PRADA, A. (coords.) *Lesiones deportivas en el niño y adolescente*. Wanceulen. Sevilla.
- GONZÁLEZ, Mª T. y RIESCO, J. F. (2005). *Manual de Educación Física*. Globalia Anthema. Salamanca.
- GUILLÉN, M. y LINARES, D. (2002). *Bases biológicas y fisiológicas del movimiento humano*. Médica Panamericana. Madrid.
- GUILLÉN, M. y OTROS (2009). *Lesiones deportivas en la infancia y en la adolescencia*. En GUILLÉN, M. y ARIZA. L. *Las Ciencias de la Actividad Física y el Deporte como fundamento para la práctica deportiva*. U. de Córdoba.
- GUTIÉRREZ SÁINZ, A. (1992). Actividad física en el niño y adolescente. En GONZÁLEZ, J. *Fisiología de la actividad física y el deporte*. Mc Graw-Hill. Madrid.
- GUTIÉRREZ DÁVILA, M. (2015). *Fundamentos de biomecánica deportiva*. Síntesis. Madrid.
- GUTIÉRREZ DELGADO, M. (2004). *Aprendizaje y desarrollo motor*. Fundación San Pablo CEU. Sevilla.
- HERRADOR, J. A. (2015). *Riesgos laborales en Educación Física: prevención de accidentes y lesiones*. Formación Alcalá. Jaén.
- HORMIGA, C.M.; CAMARGO, D.M. y OROZCO, L.C. (2008). Reproducibilidad y validez convergente de la Escala Abreviada del Desarrollo y una traducción al español del instrumento Neurosensory Motor Development Assessment. Biomédica, 28:327-46.
- JUNTA DE ANDALUCÍA (2008). O. de 25 de julio de 2008, por la que se regula la atención a la diversidad del alumnado que cursa la educación básica en los centros docentes públicos de Andalucía, B. O. J. A. nº 167, de 22/08/2008.
- JUNTA DE ANDALUCÍA (2007). *Ley 17/2007, de 10 de diciembre, de Educación de Andalucía (L. E. A.)*. B. O. J. A. nº 252, de 26/12/07.
- JUNTA DE ANDALUCÍA (2002). *Decreto 137/2002, de 30/04/02. "Plan de Apoyo a las Familias Andaluzas"*. B.O.J.A. nº 52 de 04/05/2002.
- JUNTA DE ANDALUCÍA (2006). *Orden de 15 de mayo de 2006, por la que se establecen las bases para impulsar la investigación educativa en los centros docentes públicos de la Comunidad Autónoma de Andalucía dependientes de la Consejería de Educación*.
- JUNTA DE ANDALUCÍA (2006). *Orden de 1 de septiembre de 2006, por la que se modifica la de 27 de mayo de 2005, por la que se regula la organización y el funcionamiento de las medidas contempladas en el plan de apoyo a las familias andaluzas relativas a la ampliación del horario de los Centros docentes públicos y al desarrollo de los servicios de aula matinal, comedor y actividades extraescolares*. B.O.J.A. nº 185, de 22/09/2006.
- JUNTA DE ANDALUCÍA (2007). *Resolución de 10/04/2007, de la D. G. de Innovación Educativa y Formación del Profesorado, por la que se aprueban Proyectos de Investigación Educativa y se conceden subvenciones*. B. O. J. A. nº 87 de 04/05/2007.
- JUNTA DE ANDALUCÍA (2010). *Decreto 328/2010, de 13 de julio, por el que se aprueba el Reglamento Orgánico de las escuelas infantiles de segundo grado, de los*

colegios de educación primaria, de los colegios de educación infantil y primaria, y de los centros públicos específicos de educación especial. BOJA nº 139, de 16/07/2010.
- JUNTA DE ANDALUCÍA (2010). *Orden de 20 de agosto de 2010, por la que se regula la organización y el funcionamiento de las escuelas infantiles de segundo ciclo, de los colegios de educación primaria, de los colegios de educación infantil y primaria, y de los centros públicos específicos de educación especial, así como el horario de los centros, del alumnado y del profesorado.* BOJA nº 169, de 30/08/2010.
- JUNTA DE ANDALUCÍA (2015). *Orden de 17 de marzo de 2015, por la que se desarrolla el currículo correspondiente a la educación Primaria en Andalucía.* BOJA nº 60 de 27/03/2015.
- JUNTA DE ANDALUCÍA (2015). *Decreto 97/2015, de 3 de marzo, por el que se establece la ordenación y el currículo de la educación Primaria en la comunidad Autónoma de Andalucía.* BOJA nº 50 de 13/013/2015.
- JUNTA DE ANDALUCÍA (2002). Decreto 147/2002, de 14 de mayo. Ordenación de la atención de alumnado con necesidades educativas especiales. BOJA nº 58, de 18/05/02.
- LÓPEZ CHICHARRO, J. y otros. (2002). *El desarrollo y el rendimiento deportivo.* Gymnos. Madrid.
- LÓPEZ MIÑARRO. P. A. (2000). *Ejercicios desaconsejados en la actividad física. Detección y alternativas.* INDE. Barcelona.
- MAGRANER, X. (1993). *El niño, su cuerpo y la actividad física.* En VV. AA. *Fundamentos de Educación Física para Enseñanza Primaria.* INDE. Barcelona.
- MARTÍNEZ PIÉDROLA, E. (2006). *Hábitos saludables en la prevención de la obesidad infantil: "Dieta y Ejercicio".* En *Deportes para todos.* P. M. D. del Ayuntamiento de Dos Hermanas.
- M.E.C. (2013). *Ley Orgánica 8/2013, de 9 de diciembre, para la mejora de la calidad educativa.* BOE Nº 295, de 10/12/2013.
- M.E.C. (2014). *R. D. 126/2014, de 28 de febrero, por el que se establece el currículo básico de la Educación Primaria.* B.O.E. nº 52, de 01/03/2014.
- M. E. C. (2006). Ley Orgánica 2/2006, de 3 de mayo, de Educación (L. O. E.). B. O. E. nº 106, de 04/05/2006, modificada en algunos artículos por la LOMCE/2013.
- M. E. C. *ECD/65/2015, O. de 21 de enero, por la que se describen las relaciones entre las competencias, los contenidos y los criterios de evaluación de la educación primaria, la educación secundaria obligatoria y el bachillerato.* B.O.E. nº 25, de 29/01/2015.
- MIRALLES, R. y MIRALLES, I. (2006). *Biomecánica clínica de las patologías del aparato locomotor.* Masson. Barcelona.
- NARANJO, J y CENTENO, R. (2000). *Bases fisiológicas del entrenamiento deportivo.* Wanceulen. Sevilla.
- OÑA, A. (2005). *Actividad física y desarrollo: ejercicio físico desde el nacimiento.* Wanceulen. Sevilla.
- PAREDES, V. et al. (2012). *La readaptación físico-deportiva de lesiones.* Onporsport. Madrid.
- PASTRANA, R. -coord.- (2009). *Lesiones deportivas: mecanismo, clínica y rehabilitación.* Universidad de Málaga. Málaga.
- RIBAS, J. y cols. (1997). *I Jornadas sobre la práctica deportiva en la Infancia.* Centro de Estudios del Niño. Sevilla.
- RODRÍGUEZ, L. P. y GUSI, N. (2002). *Manual de prevención y rehabilitación de lesiones deportivas.* Síntesis. Madrid.
- RODRÍGUEZ GARCÍA, P. L. (2006). *Educación Física y Salud en Primaria.* INDE. Barcelona.
- ROSILLO, S. (2010). *Contraindicaciones. Plan educativo de adquisición de hábitos de vida saludable en la educación.* Procompal. Almería.

- RUIZ, L. y LINARES, D. (1997). *Algunas consideraciones sobre el desarrollo biológico del niño*. En CONDE, J. L. *Fundamentos para el desarrollo de la motricidad en edades tempranas*. Aljibe. Málaga.
- RUIZ PÉREZ, L. M. (1994). *Desarrollo motor y actividades físicas*. Gymnos. Madrid.
- RUIZ PÉREZ, L. M. (2005). *Moverse con dificultad en la escuela*. Wanceulen. Sevilla.
- SAINZ, P.; RODRÍGUEZ, P. SANTONJA, F. y ANDÚJAR, P. (2006). *La columna vertebral del escolar*. Wanceulen. Sevilla.
- VV. AA. (1997). *Problemas de salud en la práctica física-deportiva. Actuaciones y Adaptaciones Curriculares*. Wanceulen. Sevilla.
- ZAGALAZ, Mª L.; CACHÓN, J.; LARA, A. (2014). *Fundamentos de la programación de Educación Física en Primaria*. Síntesis. Madrid.
- ZARCO, J. A. (1992). *Desarrollo infantil y Educación Física*. Aljibe. Málaga.

WEBGRAFÍA (Consulta en octubre de 2015).

http://www.agrega2.es
http://recursos.cnice.mec.es/edfisica/
http://www.ite.educacion.es/es/recursos
www.juntadeandalucia.es/educacion/descargasrecursos/curriculo-primaria/index.html
http://www.guiaderecursos.com/webseducativas.php
http://www.adideandalucia.es

www.ingramcontent.com/pod-product-compliance
Lightning Source LLC
Chambersburg PA
CBHW080256170426
43192CB00014BA/2697